고전 문학으로 떠나는 역사 여행

고조선 건국 신화부터
남북국 시대 「처용가」까지 1

웅진주니어

고전 문학으로 떠나는 역사여행 1

초판 1쇄 발행 2011년 9월 20일 | 초판 6쇄 발행 2019년 12월 30일
글 나희라 | 그림 이윤희 | 발행인 이재진 | 도서개발실장 조현경 | 편집인 이화정
기획 강응천 | 책임편집 정연경 | 디자인 나유진 | 마케팅 이현은, 정지운, 양윤석, 김미정 | 제작 신홍섭

펴낸곳 (주)웅진씽크빅 | 주소 경기도 파주시 회동길 20 (우) 10881
주문전화 02)3670-1191, 031)956-7325, 7065 | 팩스 031)949-1014 | 내용문의 031)956-7305
홈페이지 wjbooks.co.kr/WJBooks/Junior | 블로그 wj_junior.blog.me
페이스북 facebook.com/wjbook | 트위터 @wjbooks | 인스타그램 @woongjin_junior
출판신고 1980년 3월 29일 제 406-2007-00046호 | 제조국 대한민국

ISBN 978-89-01-12928-0 · 978-89-01-12927-3 44900(세트)
ⓒ나희라, 문사철, 웅진씽크빅 2011

웅진주니어는 (주)웅진씽크빅의 유아·아동·청소년 도서 브랜드입니다.
이 책은 저작권법에 따라 보호를 받는 저작물이므로 무단전재와 무단복제를 금지하며,
이 책 내용의 전부 또는 일부를 이용하려면 반드시 저작권자와 (주)웅진씽크빅의 서면동의를 받아야 합니다.

잘못 만들어진 책은 바꾸어 드립니다.
⚠ 주의 1_책 모서리가 날카로워 다칠 수 있으니 사람을 향해 던지거나 떨어뜨리지 마십시오.
2_보관 시 직사광선이나 습기 찬 곳은 피해 주십시오.
웅진주니어는 환경을 위해 콩기름 잉크를 사용합니다.

※일러두기-이 책의 향가는 양주동 해독을 따랐습니다. 「원왕생가」는 임기중 현대어역을 따랐습니다.

고전 문학으로 떠나는 역사 여행

고조선 건국 신화부터
남북국 시대 「처용가」까지

1

글 나희라 · 그림 이윤희 · 기획 강응천

웅진 주니어

책을 시작하며

　인간은 생각하는 동물입니다. 그리고 생각을 표현할 줄 아는 동물입니다. 인간이 생각을 표현하는 방법에는 여러 가지가 있는데, 그중에서 이야기는 말로 또는 글로 생각을 표현하는 방법입니다. 이야기 중에서도 사람들의 마음을 움직여 공감을 불러일으키는 것들은 오랫동안 사람들에게 전해지고 또 글로 옮겨지고 읽혔습니다. 이것이 고전(古典)입니다. 고전에는 인간과 삶의 가치에 대한 통찰력이 숨어 있습니다. 그렇기 때문에 많은 사람들이 고전을 통해 위안을 얻기도 하고 삶의 방향을 설정하기도 합니다. 고전에는 인간에 관한 보편적 가치가 들어 있기 때문에 지역과 시대를 초월하여 의미가 있는 것입니다.

　그런데 어떤 이야기가 아무리 영원불변의 절대적인 가치를 이야기하고 있다 하더라도 이야기는 그것이 만들어진 시대의 역사적 상황을 반영하기 마련입니다. 이야기를 만들어 내는 사람이 시대를 사는, 역사적 존재이기 때문입니다. 따라서 고전은 그것이 만들어진 시대적 상황을 이해할 수 있도록 하는 좋은 역사 자료이기도 합니다. 이 책에서 고전을 소재로 역사 이야기를 풀어내고자 한 근거가 여기에 있습니다.

  그러나 고전이 곧바로 역사적 사실을 알려 주는 자료는 아닙니다. 특히 자신들의 경험과 이상을 신성하게 꾸며 내는 데 익숙했던 고대인들의 이야기는 더욱 그렇습니다. 고대인들은 자신들의 생각과 소망을 경험적 사실로만 엮어 내기에는 부족하다고 생각했습니다. 그래서 은유와 상징을 많이 사용하여 이야기를 꾸몄기 때문에 이야기 속의 사실이 역사적 사실이 아닌 경우가 많습니다. 그러므로 고전을 역사로만 보는 것도 경계해야 할 일입니다.

  만주와 한반도 일대에 살았던 사람들도 그들이 살아가면서 느낀 것, 경험한 것, 그리고 소망하는 것을 이야기로 남겼습니다. 그런 이야기 중에서 의미가 있다고 판단되는 것은 글로 남겨지고 책으로 엮어지기도

했습니다. 이런 것은 우리의 고전이 되었습니다.
  이 책에서는 고조선부터 남북국 시대까지 우리 선조들이 만들어 내고 전승시켰던 많은 이야기들을 소개하고 있습니다. 이들 이야기에는 당시의 역사적 상황도 녹아들어 있고, 당시 사람들의 감정과 생활 모습, 사고방식도 들어 있습니다. 우리 선조들이 남긴 이런 다양한 이야기들을 통해 당시의 역사적 상황도 살펴보고 이야기에 들어 있는 당시 사람들의 생각과 생활을 설명하고자 한 것이 이 책의 목적입니다. 나라가 어떻게 세워졌는지를 고대인들 나름의 방식으로 설명한 신성한 이야기들, 인간의 영원한 보편적 가치인 사랑과 신념, 신의를 말하는 이야기들, 실제 역사적 사실을 배경으로 해서 만들어진 이야기 등 많은 종류의 이야기들을 모으고 그에 대한 설명을 붙였습니다.
  이런 이야기들을 제대로 이해하려면 어떤 태도가 중요할까요? 그것은 바로 그 이야기가 무엇을 말하려고 만들어진 것인가를 이해하려는 태도입니다. 「단군 신화」는 고조선이라는 나라가 얼마나 훌륭한 나라인지를 설명하는 이야기입니다. 「단군 신화」를 만들고 전승시켰던 고조선 사람들은 훌륭한 나라, 훌륭한 지배자란 어떤 것이며, 또 자기들 나라가 얼마나 훌륭한가를 이런 이야기를 통해 이해하였던 것입니다. 즉 「단군 신화」는 역사적 사실을 말하고자 만들어진 것이 아니라 자신들의 생각과 바람을 말하고자 만들어진 것입니다. 무엇 때문에 이러한 이야기가 만들어졌을까를 먼저 생각해 보는 태도가 고대인들의 이야기를 이해하는 태도라 하겠습니다. 그럼으로써 우리는 고대인들이 무엇을 생각하고 어떻게 생활하였는지에 대해 진정으로 이해할 수 있을 것입니다.

　자, 그럼 고대 우리 선조들의 이야기 속에서 우리는 무엇을 얻을 수 있는지 여행을 떠나 볼까요?

지은이 나희라

차례

책을 시작하며_ 4

1부 세상을 연 이야기
「단군 신화」와 고조선의 건국_ 12
「공무도하가」와 고조선 사회의 변화_ 18

2부 나라를 세운 영웅들
「동명왕편」과 고구려의 건국_ 26
「온조 이야기」와 백제의 건국_ 34
「혁거세왕 신화」와 신라의 건국_ 42
「수로왕 신화」와 가야의 건국_ 48

3부 삼국 시대 이야기
「황조가」와 고구려인의 사랑_ 56
「석탈해 이야기」와 신라의 왕_ 60
「연오랑 세오녀」와 신라의 일월 신앙_ 66
「도미의 아내」와 백제의 웅진 천도_ 70
「설씨녀」와 신라의 군역_ 76
「온달 이야기」와 고구려인의 신분 상승_ 82
「여수장우중문시」와 강한 나라 고구려_ 88
「구토지설」과 삼국 통일_ 94

4부 신라인의 사랑

「모죽지랑가」와 신라의 화랑도_ 102
「찬기파랑가」와 신라의 왕권 다툼_ 106
「헌화가」와 「해가」와 신라의 무당_ 110
「처용가」와 기울어 가는 신라_ 114

5부 부처님의 품에 안겨

「원왕생가」와 정토 신앙_ 122
「조신몽」과 관음보살_ 128
「손순매아」와 불교의 효 사상_ 134
「호원」과 신라의 불교 신앙_ 140
「임금님 귀는 당나귀 귀」와 불교를 통한 교류_ 146

6부 세계 속의 남북국

『왕오천축국전』과 신라의 대외 교류_ 152
「토황소격문」과 신라의 신분 제도_ 158
「다듬잇방망이 소리」와 해동성국 발해_ 162

맺음말_ 166
연표_ 168
찾아보기_ 170
사진 출처_ 172

우리 역사에서 처음 등장한 나라는 고조선입니다.
고조선은 **청동기 시대부터 철기 시대**까지
만주와 한반도 서북 지역에 **자리 잡았던 나라**였지요.
지금은 거의 자취가 남아 있지 않지만, **나라를 세운**
이야기와 고조선 사람의 **애절한 노래**가 전해 내려와
그때의 삶을 **짐작할** 수 있답니다.

농경문 청동기

강화 지석묘

「단군 신화」와 고조선의 건국

환웅이 무리 삼천 명을 거느리고 태백산 꼭대기의 신단수(神壇樹) 아래에 내려와 이곳을 신시(神市)라 불렀다. 이분이 바로 환웅천왕(桓雄天王)이다. 환웅천왕은 풍백(風伯)·우사(雨師)·운사(雲師)를 거느리고, 곡식·수명·질병·형벌·선과 악 등 인간의 360여 가지 일을 주관하며 세상을 다스리고 교화하였다.

우리나라에서 가장 오래된 신화

「단군 신화」는 우리나라에 전하는 신화 중 가장 오래된 신화입니다. 오래 전부터 사람들의 입에서 입으로 전해 오다가 고려 시대에 승려 일연에 의해 『삼국유사』라는 책에 문자로 기록되었습니다. 「단군 신화」의 줄거리를 살펴볼까요?

옛날에 하늘 세계를 다스리는 환인에게 아들 환웅이 있었다. 환웅이 인간 세상을 다스리려 하므로, 환인이 인간을 널리 이롭게 할 만한 땅을 선택해 주었다. 그리고 천부인(天符印, 하늘의 권위를 상징하는 물건)을 주어 세상을 다스리게 하였다. 환웅은 무리를 이끌고 태백산의 신단수(神壇樹, 신이 내려오기를 기원하는 나무) 아래로 내려와 이곳을 신시(神市)라 불렀다. 바람신, 비신, 구름신을 거느리고, 세상일을 주관하고 교화했다.

그때 범 한 마리와 곰 한 마리가 사람이 되기를 원했다. 환웅은 이들에게 쑥과 마늘을 먹고 백 일 동안 햇빛을 보지 말라고 했다. 곰은 삼칠일 동안 햇빛을 보지 않아 여자가 되었으나, 범은 이를 지키지 못하여 실패했다. 웅녀(곰 여인)가 아이 갖기를 기원하자, 환웅이 사람으로 몸을 바꾸어 웅녀와 혼인하였다. 웅녀가 곧 임신하여 아들을 낳았는데, 이름을 단군왕검이라 하였다.

단군왕검은 평양에 도읍을 정하고 나라 이름을 조선이라 하였다. 그리고 도읍을 아사달로 옮기고, 천오백 년 동안 다스렸다. 도읍을 다시 장당경으로 옮겼다가 아사달로 돌아와 산신이 되었는데 그때 나이가 천구백팔 세였다.

사람들은 일찍부터 이 세상이 어떻게 이루어졌고 사람은 어떻게 살아가고 있는가를 설명하려고 했습니다. 자연 과학 지식이 부족했던 원시인이나 고대인은 경험하고 관찰한 것을 자기 나름의 사고방식으로 풀어내어 세상을 설명했습니다. 그 내용은 자연환경이나 생활 방식에 따라 조금씩 달랐지만, 이야기나 노래로 사람들의 입에서 입으로 오랫동안 전해 왔습니다. 이것이 바로 신화(神話)입니다.

신화로 세상을 설명한 사람들은 눈으로 볼 수 없는 어떤 힘이나 정령이 인간 생활에 큰 영향을 미친다고 생각했습니다. 또 자연의 힘에 크게 의존하여 살았기 때문에 자연을 인간과 동등하게 생각했습니다. 그래서 신화에는 신이 등장하기도 하고, 동물이 인간이 되거나 인간이 동물의 말을 알아듣기도 합니다.

신화 중에는 건국(建國) 신화도 있습니다. 건국 신화는 '나라를 세운 신성한 이야기'라는 뜻입니다. 나라가 어떻게 생겨났는지, 얼마나 위대한지 설명한 이야기입니다.

하늘의 자손을 섬기며 천문을 관측했던 사람들

「단군 신화」는 고조선이라는 나라의 사람들이 자기 나라를 설명한 이야기입니다. 지금으로부터 3,000년 전쯤부터 만주와 한반도 북쪽 지역에서 활동했던 고조선 사람들이 자기 나라의 내력과 그 특별함을 설명한 이야기지요.

단군이라는 사람이 실제로 있었던 것일까요? 그렇지는 않습니다. 단군은 단군왕검이라고도 하는데, 단군왕검은 사람의 이름이 아니라 고조선을 다스린 왕과 같은 지배자에게 붙여 주었던 말입니다. 지금의 대통령과 비슷한 호칭이라고 생각해도 되겠습니다. 단군왕검이라는 말은 신이나 무당과 같은 존재에게 붙이는 '단군'이라는 말과 임금과 같은 존재에게 붙이는 '왕검'이라는 말이 합쳐진 것입니다. 고조선 사람들은 자기 나라의 최고 지배자를 신이나 무당과 같은 힘을 가지고 나라를 다스리는 자라고 생각했기 때문에 그러한 호칭을 붙여 주었죠. 더 나아가 건국 시조가 바로 그런 사람이었다고 설명했던 것입니다.

고대 국가의 사람들은 왕은 신성한 힘을 지닌 자라고 생각했습니다. 그래서 단군왕검은 하느님과 곰의 피를 이어받았다고 했습니다. 신과 동물의 피를 이어받았다는 것은 고대인들이 생각하기에 신성함을 표현하는 것이었습니다. 이렇게 신성한 존재가 나라를 세웠으니까 '우리나라는 신성한 나라'라고 자부심을 가졌겠지요. 또 국가에는 지배하는 사람들과 지배를 받는 사람들이 있습니다. 단군왕검과 그 주변의 지배자들은 자기들이 이렇게 신성하기 때문에 남을 지배하는 힘이 있다고 설명하였습니다.

지배자의 무덤(강화 지석묘)
높이 2.5미터, 무게 50톤에 이르는 거대한 무덤이다. 무덤의 주인은 많은 사람들을 동원할 수 있는 권력과 부를 가진 사람이었을 것이다.

「단군 신화」에서 인간 세상은 신들이 욕심을 내서 다스릴 정도로 이상적인 사회로 표현되어 있습니다. 그 이상적인 사회를 고조선이라는 나라로 연결시키고 그 나라를 세운 존재가 단군왕검이라고 하였습니다. 즉 환웅과 곰 사이에서 탄생한 신성한 존재인 단군이 이상적인 사회인 고조선을 세우고 다스린 것입니다.

결국 「단군 신화」를 만들고 믿었던 사람들은 신과 자연과 인간이 서로 왕래하고 조화를 이루는 세계가 이상적인 세계라고 생각하였습니다. 인간이 행복해지기 위해서는 자연을 함부로 하지 않아야 하며, 영적인 세계를 인정하고 그와 교류하여야 한다고 생각하였습니다. 이러한 것은 원시인이나 고대인들이 일반적으로 가졌던 사고방식입니다.

「단군 신화」를 보면 당시 사람들이 농업을 중요하게 여겼다는 것을 알 수 있습니다. 환웅은 하늘에서 내려올 때 바람, 비, 구름과 같이 날씨를 관장하는 신들을 데리고 왔다고 합니다. 바람이나 비, 구름은 농사를 짓는 데 무척

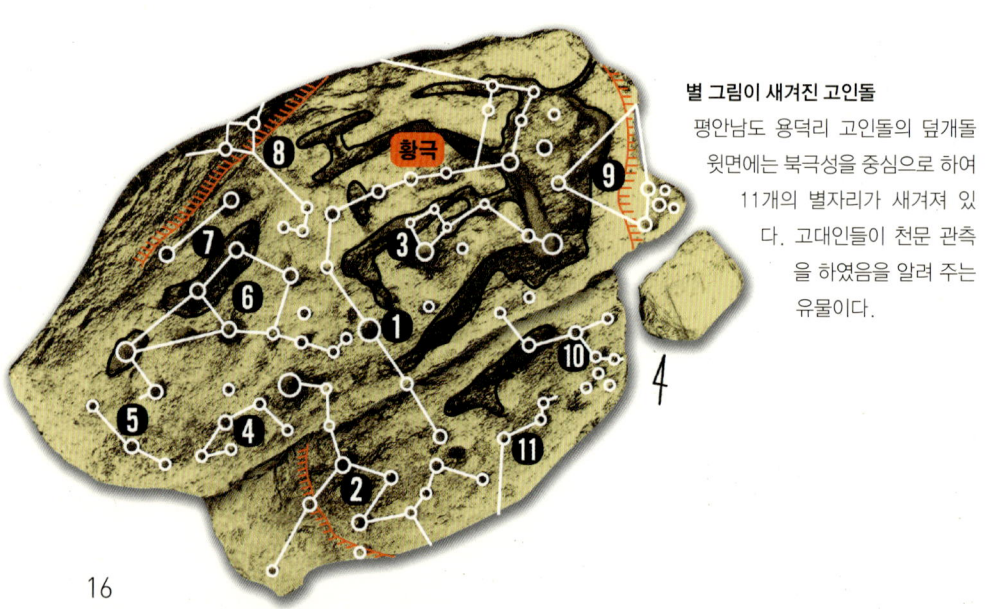

별 그림이 새겨진 고인돌
평안남도 용덕리 고인돌의 덮개돌 윗면에는 북극성을 중심으로 하여 11개의 별자리가 새겨져 있다. 고대인들이 천문 관측을 하였음을 알려 주는 유물이다.

중요합니다. 또 환웅은 곡식에 관한 일 등 많은 일을 주관하였다고 합니다.

그 많은 일을 '360여 가지 일'이라고 표현했는데, 오늘날 일 년을 365일로 계산한 것과 숫자가 거의 같습니다. 즉 '360여'라는 숫자를 보면 당시 사회가 캘린더(시간을 구분하고 계산하는 방법)를 가지고 있었다고 짐작할 수 있습니다. 고조선 사람들이 태양의 움직임에 따른 시간 계산법을 갖고 있었던 것이지요.

별도끼와 달도끼
별과 달을 본떠 만든 고대 지배자의 지휘봉. 고대 사람들이 천문에 관심이 많았다는 것을 보여 준다.

농경 생활에서 기후의 변화는 무척 중요한데, 기후의 변화는 태양의 움직임을 통해 일어납니다. 고조선 사람들은 태양의 움직임을 관측하여 기후의 변화를 알고, 태양의 움직임으로 날을 따져 '360여' 일을 계산해 낸 것입니다. 결국 「단군 신화」에 나오는 360여라는 숫자는 당시 사회가 농경에 필요한 태양의 움직임을 관측할 정도로 농업을 중요하게 생각했던 사회라는 것을 말해 주는 것이라 하겠습니다.

신화는 황당무계해 보이지만 그 안에는 옛날 사람들의 생각과 생활 모습이 들어 있습니다. 여러 가지 상징과 은유로 옛날 사람들이 살았던 세계를 설명한 것이지요. 신화는 '사실'을 말하려는 것이 아니라 그 이야기가 무엇을 '의미'하는가를 말하려고 합니다. 그러므로 이야기의 의미를 살펴보는 태도가 신화를 이해하는 올바른 태도일 것입니다.

「공무도하가」와 고조선 사회의 변화

公無渡河	임더러 물 건너지 말래도
公竟渡河	임은 건너고 말았네.
墮河而死	물에 빠져 죽었으니
當奈公何	임이여 어찌하리오.

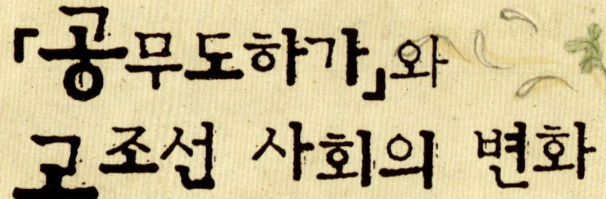

남편을 잃은 아내의 애절한 노래

「공무도하가」는 우리나라에서 가장 오래된 노래라고 합니다. 물론 제일 먼저 불린 노래라는 뜻이 아니고 지금까지 전해지는 노래 중에 가장 오래되었다는 뜻입니다. 그러나 이 노래는 우리나라에서는 전해지지 않았고 중국에서 전해지다가, 조선 후기에 한치윤이 『해동역사』라는 책에서 소개하여 널리 알려지게 되었습니다.

제목을 살펴볼까요? 「공무도하가(公無渡河歌)」의 공(公)은 상대를 높여 부르는 말입니다. 무(無)는 '하지 마라', 도(渡)는 '건너다' 라는 뜻이고, 하(河)는 '물·강', 가(歌)는 '노래' 라는 뜻입니다. 그러므로 공무도하가는 '임이여, 물을 건너지 마세요' 라는 내용의 노래라는 뜻입니다.

제목과 가사만으로는 이 노래를 이해하기 힘들지요? 다행히도 이 노래가 어떻게 만들어지고 불렸는지에 대한 설명이 『해동역사』에 함께 실려 있습니다. 그 이야기는 다음과 같습니다.

조선의 뱃사공 곽리자고가 새벽에 일어나 배를 저어 가는데, 머리가 하얗게 센 미친 사람이 머리를 풀어 헤친 채 술병을 들고 물을 건너갔다. 그 아내가 뒤따라가며 말렸지만 소용이 없어 결국 그 사람은 물에 빠져 죽어 버렸다. 그 아내는 공후라는 악기를 타며 매우 슬픈 노래를 불렀다. 그리고 그 아내 역시 몸을 물에 던져 목숨을 끊었다.

이를 지켜본 곽리자고가 집에 돌아와서 자신의 아내인 여옥에게 이 이야기를 해 주고 그 여자가 부른 노래를 들려주었다. 여옥이 이를 듣고 슬퍼하며 공후를 타니 듣는 사람마다 눈물을 흘리며 슬퍼하였다고 한다. 여옥은 이를 옆집의 여용이라는 사람에게 가르쳐 주어 널리 퍼지게 되었다. 그래서 이를 「공후인」이라 불렀다.

「공무도하가」를 「공후인」이라고도 불렀다고 합니다. 공무도하가는 '임이여, 물 건너지 마세요'로 시작하는 이 노래의 제목으로 이해하고, 공후인은 이 노래를 공후로 연주하는 악곡의 제목으로 이해하면 되겠습니다. 이 노래는 부르는 사람의 심정을 잘 표현하고 있습니다. 이러한 노래를 서정 가요라 합니다. 서정(敍情)의 서(敍)는 '설명하다, 서술하다'라는 뜻이고, 정(情)은 '마음의 상태, 감정'이라는 뜻입니다. 즉 서정이란 감정을 표현하는 것을 말합니다. 특히 마지막의 '임이여 어찌하리오'라는 구절은 애절한 마음을 탄식조로 잘 드러내고 있습니다.

인간의 의지로 삶을 꾸리다

「공무도하가」는 어떤 사람이 겪은 개인적 고통이나 애절한 마음만을 노래한 것이 아닙니다. 오늘날 학자들은 머리를 풀어 헤치고, 술병을 들고, 미치광이 짓을 하면서 강물에 뛰어든 남자와 이를 말리다가 노래를 부르며 강물에 뛰어든 그 아내가 무당이었을 것이라고 보기도 합니다.

원시·고대 사회에서 악기를 연주하고 노래를 잘하는 사람은 신과 의사소통을 할 수 있는 능력을 지닌 무당과 같은 존재로 여겼습니다. 음악과 춤이 신과 접촉할 수 있는 수단이라고 생각했기 때문입니다. 또 술은 신과 접촉할 수 있는 특별한 음료로 여기기도 했습니다. 그리고 무당은 보통 사람과는 다른 능력이나 외모를 지녔다고 생각하기도 했고요. 강물에 뛰어들고, 불 속으로 들어가고, 나무 위로 올라가는 것은 보통 인간이라면 목숨을 걸고 해야 할 위험한 일입니다. 무당은 자신의 신적인 능력을 증명하기 위해 이런 일들을 곧잘 하였습니다. 결국 이상한 모습을 하고 술병을 들고 노래를 부르며 강물에 뛰어든 두 남녀는 무당이었을 가능성이 있다는 것입니다.

그런데 이들은 강물에 뛰어들어 죽음에 이르고 말았습니다. 특별한 능력을 보여서 사람들에게 인정을 받아야 할 자리에서 죽은 것이지요.

이 일은 인류의 역사에서 큰 사건입니다. 신의 의지와 그것을 알 수 있는 무당의 활동이 절대적이던 시대가 끝나 간다는 뜻이기 때문입니다. 신의 의지나 무당의 활동 없이 인간의 의지와 활동으로 삶을 살아가려는 움직임이 싹트고 있었던 것입니다.

제사장의 도구 거울은 태양을 상징하는 것으로, 햇빛을 그대로 반사하여 움직일 때마다 광채를 낸다. 신의 뜻을 대신 실행하는 존재라는 것을 과시하는 의미가 담겨 있다. 청동 방울은 하늘의 소리를 전하는 도구로, 고대 사람들은 그 소리를 통해 어떤 고통에서든 벗어날 수 있다고 믿었다. 강물로 뛰어든 남녀가 이 도구를 사용하지 않았을까?

 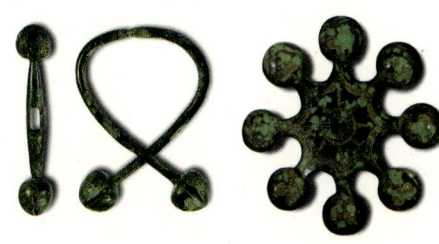

청동 거울(왼쪽), **청동 방울**
(쌍두령, 가지 방울, 팔주령)
ⓒ 국립중앙박물관 소장

농경문 청동기 제사에 쓰던 도구로, 농사 짓는 사람들의 모습이 상세하게 그려져 있다. 두 남자가 따비와 괭이를 가지고 밭을 경작하는 장면, 부녀자가 토기에 물건을 담고 있는 장면이 보이고, 밭의 이랑과 고랑도 세밀하게 묘사되어 있다. 농사짓기는 그 과정이 제사 도구에 상세히 묘사될 만큼 신성한 일이었다.
ⓒ국립중앙박물관 소장

이러한 움직임이 일어나게 된 것은 고조선 시대에 들어서면서 사람들의 생활에 큰 변화가 생겼기 때문입니다. 첫 번째 변화는 농사입니다. 석기 시대에는 동식물을 사냥하거나 채집을 하여 살았습니다. 자연에 온전히 의존하여 살았지요. 그러나 석기 시대 후반부터 농사를 짓고 가축을 길러서 먹을거리를 얻기 시작했습니다. 청동기 시대에는 농사짓기가 더 활발해졌습니다. 점차 사냥과 채집보다 농사가 더 중요한 생산 활동이 되었습니다. 사냥과 채집으로 자연에서 먹을거리를 얻는 것과 농사를 지어 자연에 힘을 가하여 먹을거리를 생산해 내는 것, 이 두 가지 방식은 사람들이 생각하는 방식에도 차이를 가져왔습니다. 스스로 먹을거리를 생산하면서 인간은 자기 자신의 힘을 더 중요하게 생각하게 된 것이지요. 그러면서 그동안 인간의 삶에 절대적이었던 자연과 신의 세계로부터 조금씩 거리를 두게 되었습니다. 자연과 신의 세계를 인간의 세계와 연결해 주던 무당의 힘을 의심하는 일도 일어나게 되었습니다.

두 번째는 사람들이 정치 조직체를 운영하기 시작했다는 것입니다. 농사를 지어 식량을 생산함으로써 사람들은 일정한 곳에 정착하여 사는 것이 가능해졌습니다. 또 사냥이나 채집을 하던 때보다 안정적으로 먹을거리를 확보하였습니다. 그래서 인구가 늘어났고 마을이 형성되었습니다. 마을 안에서 많이 가진 사람과 그러지 못한 사람이 생겨났고 그 사이의 구분이 일어났습니다. 청동기 시대가 되면 이러한 모습은 더욱 분명해집니다. 더군다나 청동으로 만든 무기를 사용하게 되면서 마을과 마을 사이의 전쟁도 자주 일어났습니다. 이렇게 가진 자와 못 가진 자 사이에 일어나는 여러 문제, 마을과 마을 사이의 전쟁과 같은 문제를 해결하기 위해 국가와 같은 것이 만들어지기 시작합니다. 사람들 사이의 문제를 해결하는 것을 정치라 하므로 국가는 정치를 하기 위한 조직이나 기구라고 할 수 있습니다.

  이렇게 정치 조직을 운영하면서 사람들은 스스로 세상의 문제를 해결할 수 있다고 믿게 되었습니다. 이와 반대로 무당의 능력과 힘은 점차 의심하게 되었습니다. 그리하여 무당이 강물에 뛰어들지만 결국 죽고 만다는 노래가 생겨났다고 보는 거죠. 즉 이 노래는 고조선이라는 국가가 성립되면서 나타나는 사람들의 변화를 담고 있습니다. 고대의 노래 한 자락에서도 인간의 역사와 문화와 생활의 여러 부분을 생각해 볼 수 있답니다.

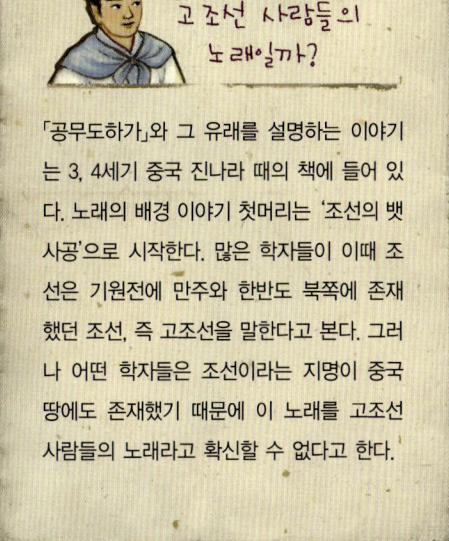

「공무도하가」가 정말 고조선 사람들의 노래일까?

「공무도하가」와 그 유래를 설명하는 이야기는 3, 4세기 중국 진나라 때의 책에 들어 있다. 노래의 배경 이야기 첫머리는 '조선의 뱃사공'으로 시작한다. 많은 학자들이 이때 조선은 기원전에 만주와 한반도 북쪽에 존재했던 조선, 즉 고조선을 말한다고 본다. 그러나 어떤 학자들은 조선이라는 지명이 중국 땅에도 존재했기 때문에 이 노래를 고조선 사람들의 노래라고 확신할 수 없다고 한다.

2부
나라를 세운 영웅들

「동명왕편」 고구려 · 「온조 이야기」 백제
「혁거세왕 신화」 신라 · 「수로왕 신화」 가야

고조선이 멸망한 뒤 우리 조상은 중국 군현과 싸우기도 하고, **한반도 남쪽으로 내려가** 그곳에 있던 다른 갈래의 우리 조상과 이리저리 합치기도 했답니다. 그러면서 **여러 나라를 세우게** 되었고, 이 나라들은 서서히 **세 나라로 정리**되어 갔어요. 고구려·백제·신라가 그 세 나라이고, 가야는 신라에 합쳐졌답니다.

이 나라들을 세운 **영웅들을 만나 보세요.**

새 모양 토기들

「동명왕편」과 고구려의 건국

태양을 품고 주몽을 낳으니
이해가 계해년이었다.
아이의 골격은 참으로 기이했고
울음소리 또한 굉장히 우렁찼다.
처음엔 되만 한 알을 낳으니
보는 사람들이 모두 놀라 가슴이 두근거렸다.
금와왕은 상서롭지 못한 일이라 여겨
이 어찌 사람일까 생각했다.
알을 마구간 속에 넣었더니
말들은 모두 밟지 않고,
깊은 산속에 버렸더니
온갖 짐승들이 품어서 지켜 주었다.

고난을 극복하고 나라를 세운 영웅 이야기

「동명왕편」은 고려 시대 학자인 이규보가 1193년(명종 23)에 지은 장편 서사시입니다. 이규보의 작품들을 모아 놓은 『동국이상국집』이라는 책에 실려 있습니다. 서사시(敍事詩)의 서(敍)는 '설명하다'라는 뜻이고 사(事)는 '일, 사건'을 말합니다. 그러므로 서사시란 '사건을 설명하는 시'라는 뜻이 되겠지요. 서정시가 자신의 감정을 표현하는 시인 데 반해, 서사시는 자신의 감정을 드러내지 않고 사건을 설명하는 데 중점을 둡니다. 그러므로 「동명왕편」은 동명왕에 관한 일을 이야기한 시입니다.

동명왕(東明王)의 동(東)은 '동녘 동', 명(明)은 '밝을 명', 왕(王)은 '임금 왕'이므로, 동명왕은 '동녘의 밝은 빛과 같은 왕'이란 뜻입니다. 동명왕 이야기의 줄거리를 살펴볼까요?

부여 왕 해부루가 늙어서도 자식이 없어 산천에 제사 지내러 가다가, 곤연이라는 연못에서 금색 개구리 모양의 아이를 데려왔다. 아이의 이름을 '금빛 개구리'라는 뜻의 금와라 하고 태자로 삼았다.

해부루는 동해 바닷가 가섭원으로 도읍을 옮기고 동부여라 하였다. 이전 도읍에는 해모수라는 하느님의 아들이 와서 나라를 세웠다.

근처 강의 신 하백에게 세 딸이 있었는데, 해모수가 이들을 보고 아내를 삼고자 하여 말채찍으로 땅을 그어 궁궐을 만들고 함께 술을 마셨다. 그러다 큰딸 유화가 해모수에게 잡혔다. 해모수는 유화와 혼인하고자 하백을 찾아갔다. 하백은 신통력으로 해모수를 시험했다. 해모수의 신통력을 알아본 하백은 해모수와 유화를 작은 가죽 주머니에 넣어 수레에 실어 놓았다. 그런데 수레가 물에서 나오기 전에 해모수는 주머니를 찢고 나와 혼자 하늘로 올라갔다.

하백은 남은 유화를 우발수로 쫓아냈다. 유화를 발견한 금와왕은 유화를 별궁에 가두었다. 유화는 햇빛을 받아 임신하여 알을 낳았다. 금와왕이 알을 마구간에 버리게 했는데 말들이 모두 밟지 않았고, 깊은 산 가운데 버려도 온갖 짐승들이 감싸 주었다.

결국 유화에게 알을 되돌려 주었더니 그 알에서 남자아이가 나왔다. 아이는 태어난 지 한 달이 지나자 말을 하였고, 활을 잘 쏘았다. 부여에서는 활 잘 쏘는 사람을 주몽이라 불렀다. 그래서 아이의 이름을 주몽이라 하였다. 주몽은 해가 갈수록 더 비상한 재능이 눈에 띄었다. 금와왕의 왕자들은 주몽을 시기하여 금와왕에게 주몽을 제거해야 한다고 말했다. 금와왕은 주몽의 뜻을 알아보기 위해 주몽에게 말을 기르는 일을 시켰다. 주몽은 가장 빨리 뛰는 말을 골라 말의 혀 밑에 바늘을 꽂아서 먹이를 먹지 못하게 했다. 금와왕은 비쩍 마른 이 말을 주몽에게 주었다. 주몽은 그제야 바늘을 빼고 먹이를 잘 주었다.

주몽은 세 명의 벗과 함께 남쪽으로 내려갔다. 부여의 병사들이 쫓고 있는 위급한 상황에서 주몽은 큰 강을 만났다. 주몽은 채찍으로 강물을 치며, "나는 하늘 신의 손자이며 물의 신의 외손자인데 나를 위하여 다리를 만들라!"

라고 하였다. 그러자 물고기와 자라들이 떠올라 다리를 만들어 주몽과 친구들이 건널 수 있었다. 뒤쫓던 부여의 병사들도 다리를 건너려 했으나 물고기와 자라들이 흩어져 다리가 무너지는 바람에 모두 물에 빠져 죽었다. 주몽이 부여를 떠나올 때 유화는 주몽에게 오곡의 씨앗을 주었다. 주몽이 급히 오느라 그 씨앗을 놓고 왔는데, 주몽에게 한 쌍의 비둘기가 날아왔다. 주몽이 활을 쏘아 비둘기들을 맞혀 목구멍을 열어 씨앗을 꺼냈다. 그리고 비둘기들에게 물을 뿜자 비둘기들이 다시 살아나서 날아갔다.

　주몽과 세 친구는 좋은 곳에 자리를 잡고 나라를 열었다. 근처에 비류국이 있었는데, 비류국 왕 송양은 두 임금이 있을 수 없으니 주몽더러 항복하라고 했다. 주몽이 거절하자, 송양은 주몽의 능력을 활쏘기로 시험해 보고자 했다. 주몽이 옥가락지를 백 보 밖에 걸어 놓고 활을 쏘아 맞히니 송양이 크게 놀랐다.

　주몽이 흰 사슴을 잡아 거꾸로 매달아 놓고, 하늘이 비를 내려 비류국을 물바다로 만들어 놓지 않는다면 사슴을 놓아주지 않겠다고 저주하였다. 사슴이 슬피 울자 비가 칠 일 동안이나 내려 비류국이 물바다가 되었다. 주몽이 채찍으로 물에 금을 그으니 물이 줄어들었다. 비류국 왕 송양이 백성들을 이끌고 와서 주몽에게 항복하였다.

　주몽이 부여에 있을 때 낳은 아들 유리가 새총으로 참새를 쏘는 놀이를 하다가 물동이를 이고 가는 부인의 물동이를 맞혔다. 그 부인이 화가 나서 아비 없는 자식이라고 욕하였다. 유리가 집에 와서 어머니에게 아버지에 대해 물으니, 어머니는 고구려라는 나라를 세운 주몽왕이 유리의 아버지라고 하였다. 그리고 주몽이 부여를 떠날 때 일곱 고개 일곱 골짜기 돌 위 소나무에 감추어 둔 물건을 찾아오는 자를 아들로 인정할 것이라 말하였다고 알려 주었다. 유리는 몇 날 며칠 산골짜기를 찾아 헤매다 찾지 못하고 지쳐 집에 왔는데, 집 기둥에서 소리가 나는 것을 들었다. 찾아보니 그 기둥은 돌 위의 소나무이고 나무의 모서리가 일곱이었다. 그리고 기둥 위에 구멍이 있었는데 그 구멍에서 부러진 칼 한 조각을 찾았다. 유리는 고구려로 가서 주몽에게 칼을 바쳤다. 주몽 또한 부러진 칼 한 조각을 꺼내어 맞추어 보니 피가 나면서 이어져 완전한 칼이 되었다. 주몽이 유리에게 신성함을 보이라고 하자, 유리는 몸을 날리어 공중으로 솟구쳐 창구멍으로 새어 드는 햇빛을 막았다. 주몽이 그 신성함을 인정하고 태자로 삼았다.

어머니 신에게 나라의 풍요를 빌다

 동명왕(재위 기원전 37~기원전 19)은 고구려를 세웠다고 하는 주몽을 말합니다. 따라서 「동명왕편」은 주몽의 활약을 설명한 것인데, 주몽의 활약이란 고구려를 어떻게 세웠는가를 설명하는 것입니다. 그러므로 「동명왕편」은 결국 고구려의 건국 신화라고 하겠습니다.
 원래 동명왕은 주몽만을 가리키는 말은 아니었습니다. 부여에서도 시조를 동명이라고 했고 백제인도 시조로 동명을 제사했다고 했습니다. 고구려와 백제는 모두 부여에서 떨어져 나와 세워진 나라입니다. 원래 부여라는 나라를 세운 사람들은 동쪽의 밝은 빛, 즉 태양을 신성하게 여기고 그 신성한 힘이 나라를 세우게 해 주었다고 여겼던 것 같습니다. 그래서 부여와 고구려, 백제에서는 모두 동명이라는 이름을 건국 시조에게 붙여서 제사를 지냈나 봅니다.

「동명왕편」에서 주몽은 그 어머니인 유화가 햇빛을 받아 임신을 하여 태어났습니다. 아버지는 그냥 햇빛이라고만 했지 그 실체가 분명하지 않고, 어머니와의 관계가 더 분명합니다. 또 주몽이 부여에서 핍박을 받아 남쪽으로 내려오는데 유화가 오곡 종자를 주었다고 했습니다. 오곡(五穀)은 다섯 가지 곡식을 말하고 종자(種子)는 씨를 말하므로, 오곡 종자는 여러 곡식의 씨앗을 말합니다. 곡식의 씨앗은 농사를 짓는 데 중요한 요소입니다. 실제로 나라를 세운 것은 주몽이지만, 나라 안의 사람들이 농사를 지으며 잘 살 수 있게 해 준 것은 유화였던 것입니다. 이러한 이야기는 오랜 옛날, 여성인 어머니가 모든 생명을 낳고 풍요롭게 해 준다고 믿었던 사람들의 생각에서 나온 것으로 보입니다. 선사 시대에 '비너스상'이라고 불리는 여신상이 만들어진 것도 이러한 이유였을 것입니다. 그래서인지 고구려 사람들은 주몽은 나라를 세운 시조 왕으로 받들고, 유화는 시조 왕을 낳은 어머니, 즉 나라의 어머니로 받

국동대혈 고구려 도읍인 국내성 동쪽에 있던 큰 동굴이다. 중국 기록에 따르면 고구려 사람들은 이곳에서 신을 맞이해 제사를 지냈다고 한다.

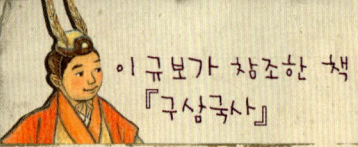

이규보가 창조한 책 『구삼국사』

고구려의 건국 신화는 이규보가 「동명왕편」에 기록하기 전에 중국 책과 『삼국사기』에 이미 기록되어 있다. 그러나 이규보는 『구삼국사』라는 책을 읽어 보고는 『구삼국사』의 이야기가 중국의 책이나 『삼국사기』보다 훨씬 내용도 많고 훌륭하다는 사실을 알았다. 그래서 『구삼국사』에 있는 동명왕 이야기를 후세에 더 잘 알리기 위해서 시를 지어 기록한다고 하였다. 시는 신화의 내용을 축약하여 노래한 것이지만, 그 뒤에 다시 산문으로 된 설명을 두어 더 자세한 내용을 전하고 있다.

『구삼국사(舊三國史)』의 구(舊)는 예전, 삼국(三國)은 세 나라, 사(史)는 역사라는 뜻이다. 이때 삼국은 고구려, 백제, 신라를 말한다. 『구삼국사』는 '예전의 삼국의 역사', 즉 삼국의 역사를 다룬 예전의 책을 말한다. 고려가 후삼국을 통일한 이후 삼국에 관한 역사서를 편찬하였는데, 1145년 김부식 등이 왕명을 받아 새로 이 『삼국사기』를 편찬하였기 때문에 이전에 만들어진 삼국의 역사책을 『구삼국사』라고 불렀던 것 같다.

들었습니다. 고구려에서는 1년에 한 번씩 큰 축제가 열렸는데, 그것이 바로 10월마다 열렸던 동맹입니다. 동맹은 동명과 이름이 비슷하지요? 이때 고구려 사람들은 동명으로 여겼던 나라의 시조 왕 주몽에게 제사를 올렸는데, 그때 주몽의 어머니인 유화도 모시고 함께 제사를 드렸습니다.

동맹이 열리면 고구려의 왕을 비롯한 지배층은 비단과 금은으로 장식한 옷을 잘 차려입고 참석을 하였답니다. 이때 나라의 동쪽에 있는 수혈(隨穴)이라는 큰 굴에서 나무로 만든 신을 맞이해 물가로 모셔 제사를 드렸다고 합니다. 이것은 갇혀 있던 유화가 햇빛을 받아 주몽을 잉태하고 출산하여 주몽으로 하여금 나라를 세우게 했다는 건국 신화의 내용을 행위로 표현한 것이죠. 물이 없으면 어떤 생명도 살 수 없으므로 옛날부터 물은 생명의 근원이었습니다. 물가에서 제사를 했던 것은 나라의 어머니 신이 물의 속성인 생산력을 받아 성스러운 출산을 했다는 것을 표현한 것이라 여겨집니다. 이렇게 나라의 어머니 신과 시조 왕을 제사하면서 고구려 사람들은 "와! 우리나라는 성스러운 나라이구나!" 하는 감동을 받았을 거예요.

　주몽은 이상하게 태어나서 버림을 받아 죽을 뻔했다 겨우 살아나고, 비범한 능력으로 위기를 극복하고, 결국은 나라를 건국하는 영웅이 되었습니다. 주몽의 아들 유리도 아버지 없이 태어나 고난을 겪다가 문제를 해결하고 아버지를 찾아 왕위를 잇는 영웅이 되었습니다.

　이렇게 이상하게 태어나 버림을 받은 아이가 죽을 고비를 넘기고 고통을 겪다가 신비로운 능력으로 문제를 해결하고 결국 영웅이 된다는 이야기는 주몽이나 유리 이야기 외에도 세계 각지에 널리 퍼져 있습니다. 그리스의 오이디푸스 이야기에서도 오이디푸스는 태어나자마자 부모에게 버림받고 죽임을 당할 뻔했으나 겨우 살아나 나중에는 스핑크스의 문제를 풀고 왕이 되었습니다. 주몽처럼 시련을 극복하고 영웅의 자리에 오른 것입니다.

졸본의 오녀산성 주몽은 졸본에 정착하여 졸본을 고구려의 도읍으로 삼고, 평지성인 졸본성과 산성인 오녀산성을 쌓았다.

「온조 이야기」와 백제의 건국

"이 하남의 땅은 북으로는 한수(漢水)를 두르고, 동으로는 높은 산악에 의지하였으며, 남으로는 기름진 들을 바라보고, 서로는 큰 바다로 막혀 있으니 그 천연의 요충과 토지의 이로움이 얻기 어려운 형세입니다. 이곳에 도읍을 세우는 것이 좋겠습니다."라고 하였다. 비류는 그 말을 듣지 않고 자기 백성을 나누어 미추홀로 가서 살았다. 온조는 하남 위례성에 도읍을 정하고 열 명의 신하를 보좌로 삼아 나라 이름을 '십제'라 했다.

평범한 왕자가 나라를 세운 이야기

백제도 건국 설화가 있습니다. 『삼국사기』에 실린 백제의 건국 설화를 보면 주몽의 아들들이 백제를 세웠다고 합니다. 주몽은 고구려의 시조인데 어떻게 그 아들들이 백제를 세우게 되었을까요?

백제의 시조 온조왕의 아버지는 주몽이다. 주몽은 북부여에서 졸본부여로 내려와 자리를 잡았다. 당시 졸본부여의 왕에게 아들은 없고 딸만 있었는데, 왕은 주몽이 보통 사람이 아니라는 것을 알고 둘째 딸을 주어 사위로 삼았다. 왕이 죽자 주몽이 왕위를 이었다.

주몽은 두 아들을 낳았는데 맏아들이 비류이고 둘째 아들이 온조였다. 그런데 주몽이 북부여에 있을 때 낳은 아들 유리가 와서 태자가 되자 비류와 온조는 태자에게 미움을 받을까 두려워 열 명의 신하와 함께 남쪽으로 도망갔다. 한산(漢山)에 이르러 살 만한 곳을 찾았는데, 비류는 바닷가 미추홀(彌鄒忽, 지금의 인천)에 자리를 잡고, 온조는 한강 남쪽의 위례성에 자리를 잡았다.

그러나 미추홀의 땅은 습하고 물이 짜서 편안히 살 수 없었다. 비류가 위례성에 와서 보니 그곳은 땅도 기름지고 백성들도 평안하므로 부끄러워하고 후회하다가 죽었다. 그러자 비류의 백성과 신하들이 온조에게 모두 돌아왔다. 처음 열 명의 신하들로 시작하여 나라 이름을 '십제'라 하였던 온조의 나라는 그 이름을 '백제'라 고치게 되었다. 백제는 고구려와 마찬가지로 부여에서 갈라져 나왔으므로 왕실의 성씨를 부여라 하였다.

  백제의 기원에 대해서는 다음과 같은 또 다른 이야기도 있다.

  백제의 시조는 비류왕이다. 비류의 아버지는 우태인데 북부여 왕 해부루의 자손이며, 어머니는 소서노로 졸본 사람 연타발의 딸이다. 소서노는 처음에 우태에게 시집가서 아들 둘을 낳았는데 맏이는 비류라 하였고 둘째는 온조라 하였다. 우태가 죽자 소서노는 졸본에서 과부로 지냈다. 이때 주몽이 부여에서 졸본으로 와 도읍을 세우고, 나라 이름을 고구려라 하였다. 주몽은 소서노를 왕비로 삼았는데, 소서노는 나라를 세우는 데 잘 도와주었다. 주몽은 소서노를 특별히 사랑하였고, 비류와 온조를 자기 자식처럼 대하였다. 그런데 주몽이 부여에 있을 때 예 씨에게서 낳은 아들 유리가 졸본으로 오자 유리를 태자로 삼았다. 비류와 온조는 주몽이 졸본으로 도망하여 왔을 때 자신들의 어머니가 재산을 들여서 주몽을 도왔는데 이제 나라가 유리 차지가 되었다고 원망하고, 어머니를 모시고 남쪽으로 내려가 따로 미추홀에 나라를 세웠다.

경쟁에서 이긴 지배 집단이 시조가 되다

  백제 건국 설화의 큰 줄거리는 비류와 온조라는 형제가 부여 혹은 고구려 지역에서부터 남쪽으로 내려와 나라를 세웠다는 것입니다. 이 줄거리만으로도 우리는 백제를 건국한 중심 집단들이 북쪽에서 내려온 이주민 집단이라는 것을 알 수 있습니다. 고구려의 건국 이야기에도 고구려가 부여에서 출

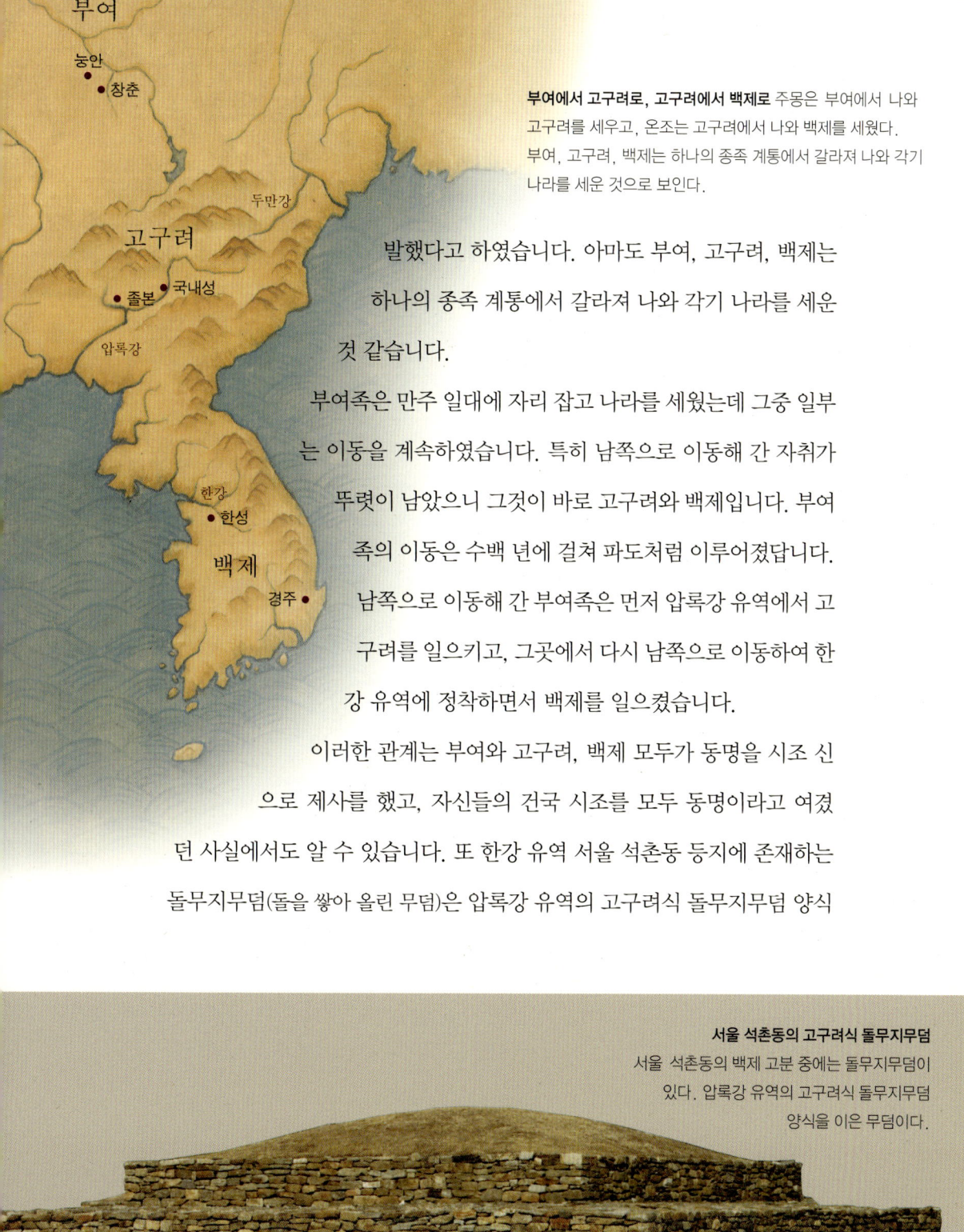

부여에서 고구려로, 고구려에서 백제로 주몽은 부여에서 나와 고구려를 세우고, 온조는 고구려에서 나와 백제를 세웠다. 부여, 고구려, 백제는 하나의 종족 계통에서 갈라져 나와 각기 나라를 세운 것으로 보인다.

발했다고 하였습니다. 아마도 부여, 고구려, 백제는 하나의 종족 계통에서 갈라져 나와 각기 나라를 세운 것 같습니다.

부여족은 만주 일대에 자리 잡고 나라를 세웠는데 그중 일부는 이동을 계속하였습니다. 특히 남쪽으로 이동해 간 자취가 뚜렷이 남았으니 그것이 바로 고구려와 백제입니다. 부여족의 이동은 수백 년에 걸쳐 파도처럼 이루어졌답니다. 남쪽으로 이동해 간 부여족은 먼저 압록강 유역에서 고구려를 일으키고, 그곳에서 다시 남쪽으로 이동하여 한강 유역에 정착하면서 백제를 일으켰습니다.

이러한 관계는 부여와 고구려, 백제 모두가 동명을 시조 신으로 제사를 했고, 자신들의 건국 시조를 모두 동명이라고 여겼던 사실에서도 알 수 있습니다. 또 한강 유역 서울 석촌동 등지에 존재하는 돌무지무덤(돌을 쌓아 올린 무덤)은 압록강 유역의 고구려식 돌무지무덤 양식

서울 석촌동의 고구려식 돌무지무덤
서울 석촌동의 백제 고분 중에는 돌무지무덤이 있다. 압록강 유역의 고구려식 돌무지무덤 양식을 이은 무덤이다.

을 이은 것입니다. 백제 지배층 이름 중에는 부여씨와 해씨가 있는데, 부여와 고구려에서도 같은 성씨를 찾을 수 있습니다. 또 5세기 중엽 백제 개로왕이 중국의 북위에 보낸 편지에 "백제는 고구려와 함께 부여에 기원을 두고 있다."라고 한 말, 6세기 초 백제 성왕(재위 523~554)이 나라 이름을 남쪽에 있는 부여라는 뜻의 남부여라 했던 데서도 부여, 고구려, 백제의 관계를 잘 알 수 있습니다.

구태와 도모란?

『수서』나 『북사』 같은 중국 역사책에는 백제의 시조가 '구태'라고 나오고, 『속일본기』나 『신찬성씨록』이라는 일본 책에서는 백제의 시조를 '도모'라고 한다. 이 중 구태 이야기는 『삼국사기』에도 기록되어 있다. 『삼국사기』에서 구태는 동명의 후손으로 매우 어질고 신실했다. 대방의 옛 땅에 나라를 세웠고, 한의 요동태수 공손도의 딸과 혼인했으며 동이의 강국이 되었다고 한다.

그런데 백제의 건국 설화는 고조선이나 고구려, 신라의 건국 신화와 달리 상당히 복잡합니다. 백제의 건국에 관해 여러 이야기가 전해지고 있고 건국 시조만 해도 온조, 비류, 우태, 동명 등 여러 명이 나옵니다. 중국과 일본의 역사책에서는 백제의 시조를 구태 또는 도모라고도 합니다. 고조선에는 단군, 고구려에는 주몽(동명), 신라에는 박혁거세만이 건국 시조로 전해진 것과는 다릅니다.

시조만도 여러 명이 나오는 건국 이야기가 전해졌다는 것은 무엇을 말할까요? 건국 설화를 짓고 후세에 전해 준 백제의 지배 집단이 그만큼 다양했다는 것을 말해 준답니다. 그런데 고대 국가의 지배 집단은 백제뿐 아니라 고구려와 신라에도 다양했습니다. 그렇다면 고구려나 신라에도 백제처럼 여러 건국 시조들이 있어야 할 텐데, 그렇지가 않습니다. 왜 이런 차이가 났을까요? 그것은 고구려와 백제, 신라가 성장을 하면서 조금씩 다르게 나라의 기틀이 잡혔기 때문입니다.

먼저 고구려에 대해 설명해 보겠습니다. 고구려는 압록강 주변의 여러 집단들이 힘을 합해 이룬 나라였습니다. 이 집단들은 저마다 자기 집단에 대한 이야기를 가지고 있었는데, 이 이야기들이 고구려의 건국과 관련한 이야기로 꾸며지기도 했습니다. 그러므로 고구려 건국 설화도 처음에는 여러 가지였을 것입니다. 그런데 여러 집단들 중 계루부라는 집단의 힘이 가장 커졌습니다. 계루부에서만 왕이 나오고 이 왕들은 계속 힘을 키워 고구려는 왕의 힘이 아주 강한 나라가 되었습니다. 4세기 말에서 5세기에 걸친 광개토 대왕(재위 391~413), 장수왕(재위 413~491) 때 고구려를 생각해 보면 알 수 있습니다. 그때 계루부의 시조인 주몽이 고구려의 전체 시조로 꾸며진 이야기가 다른 이야기들을 모두 눌러 없애고 남아 지금까지 전해지게 된 것입니다.

신라는 조금 다릅니다. 신라도 여러 집단이 힘을 합해 나라를 이루었습니다. 그 집단들 중 특히 박씨 집단, 석씨 집단, 김씨 집단의 힘이 강해서, 이 세 집단의 대표자가 돌아가면서 신라의 왕 노릇을 했습니다. 그러다가 5세기 이후에는 김씨 집단의 힘이 강해져서 김씨 집단에서 왕이 나왔습니다. 그러나 왕의 힘이 고구려처럼 다른 집단의 힘을 완전히 제압할 정도가 되지는 못했던 것 같습니다. 그래서인지 신라의 건국 시조는 박씨 집단의 시조인 혁거세라고 정리가 되었고, 석씨의 시조나 김씨의 시조에 대한 이야기도 아울러 전해졌습니다.

물론 고려 시대에 편찬된 『삼국사기』에서 백제의 시조 왕은 온조라고 정리했으니, 백제 때 이미 온조가 건국 시조라는 이야기를 중심으로 건국 설화가 정리되었던 것 같습니다. 그러나 그 이야기에도 비류라는 사람이 온조의 형으로 나오고, 다른 이야기에서는 비류가 백제의 건국 시조라고도 나옵니다. 아마도 비류를 시조로 하는 집단은 온조를 시조로 하는 집단과 함께 백제를 구성한 유력한 집단으로 오랫동안 큰 힘을 가지고 있었던 것 같습니다.

한 집단이 믿는 신이나 이야기를 왜 나라 전체의 것으로 만들어 다른 집단도 모두 이를 알게 하고 이야기하게 했을까요? 그 이유는 자기 집단이 나라의 가장 우월한 지배 집단임을 과시하려는 정치적 의도가 있었기 때문이에요. 고대 국가의 건국 설화에 얽힌 속사정을 들여다보면 당시의 정치·사회적 배경을 읽을 수 있답니다.

백제 건국의 두 주역 비류와 온조를 형제라고 한 것에서도 정치적 관계를 짐작해 볼 수 있습니다. 이 이야기는 비류를 시조로 하는 집단과 온조를 시

건국 이야기는 신화일까, 설화일까?

신화와 설화는 모두 이야기를 뜻하지만 문학에서는 설화가 더 큰 개념이다. 설화를 신화, 전설, 민담으로 분류하여 신성한 인물이나 사건과 관련한 이야기를 신화라 하고, 역사적 사건이나 인물과 관련한 이야기는 전설, 재미를 위해 만들어진 이야기를 민담이라고 분류한다. 그러나 이러한 분류가 절대적인 것은 아니다. 전설이나 민담으로 전해지는 이야기들도 애초에는 신화였던 것들이 많으며, 신화는 신성한 이야기이기 때문에 종교적인 행위나 믿음과 관련이 있는 경우가 많다.
백제의 온조와 비류는 단군이나 주몽과는 달리 훨씬 인간적이다. 출생도 행적도 신기한 흔적이 없다. 그래서 백제의 건국 이야기를 신화라고 하기에는 부족하여 설화라고 하기도 하는 것이다. 그러나 온조와 비류 이야기도 원래는 훨씬 신성한 이야기였을지 모른다.

몽촌토성
현재 서울시 송파구에 있으며, 온조가 도읍지로 삼은 하남 위례성일 것이라 추정된다.

풍납토성

조로 하는 집단이 연맹 관계를 이루었고 이를 통해 백제의 건국과 성장을 이끌어 내었던 역사적 경험을 반영한 것입니다. 연맹이란 공동의 목적을 가진 단체나 국가가 서로 돕고 행동을 같이할 것을 약속하여 이룬 조직체를 말합니다. 비류가 형이고 온조가 아우라는 이야기는 처음에는 비류계 집단의 세력이 더 강하였다가 나중에는 온조계가 비류계를 제치고 주도권을 장악하였다는 것을 뜻하지 않을까요? 연맹 관계에 있는 두 집단의 관계는 형제 관계로 표현되는 경우가 많답니다.

 한강 변, 현재의 서울시 강남구와 송파구 일대를 중심으로 자리 잡은 초기의 백제는 마한을 이루는 여러 나라 중의 하나였습니다. 그러나 점차 힘을 키운 백제가 마한을 모두 통합하고 삼국의 하나로 우뚝 서게 되었습니다.

「혁거세왕 신화」와 신라의 건국

알을 깨 보니 생김새가 단정하고 아름다운 사내아이가 나왔다. 이상히 여겨 그 아이를 동쪽 샘터에서 목욕시키니 몸에서 광채가 났다. 새와 짐승이 따라오며 춤추고, 하늘과 땅이 울리고, 해와 달이 더욱 밝아졌다. 사람들은 사내아이를 혁거세왕이라 하였다.

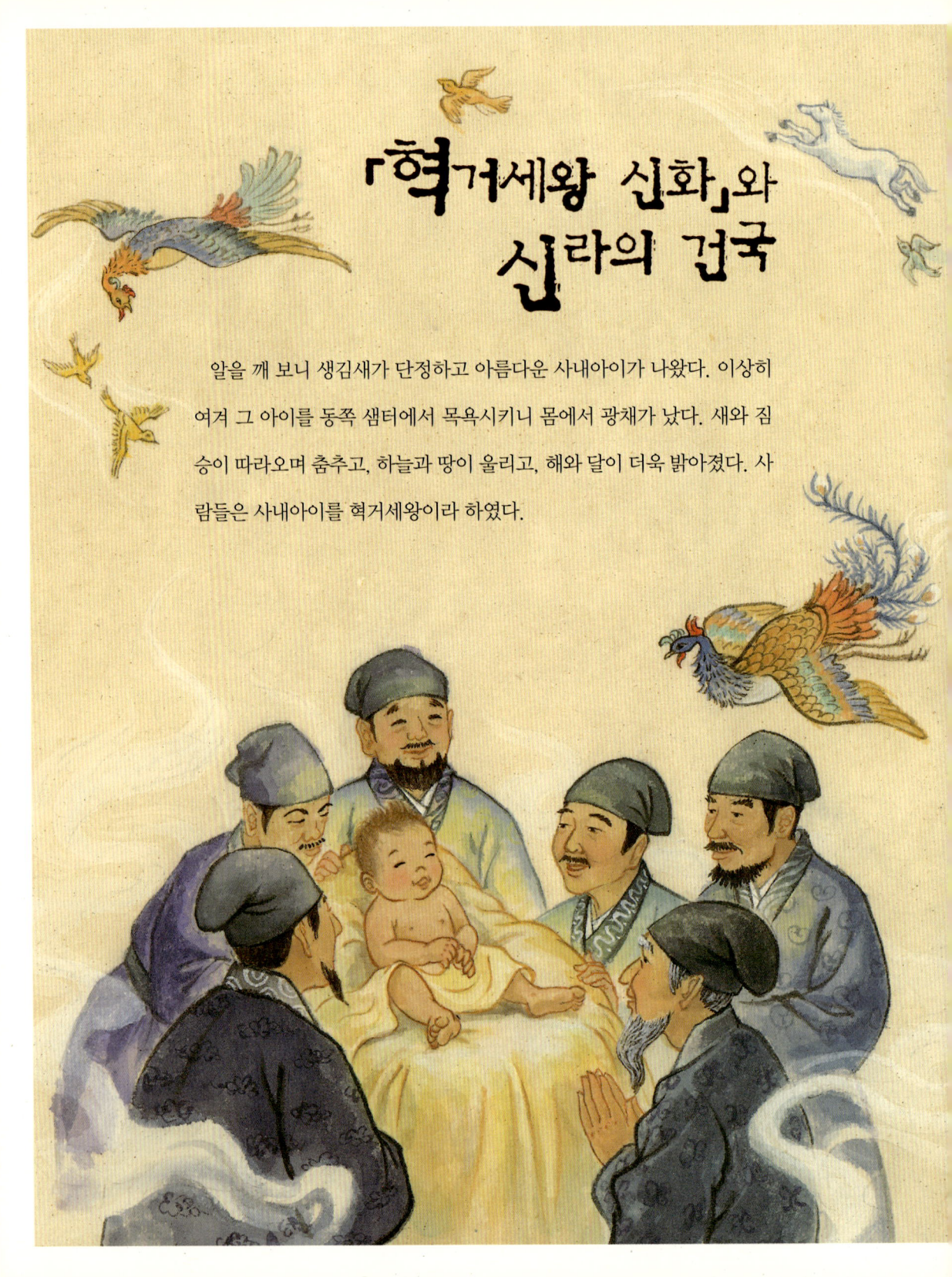

알에서 태어난 시조 왕 이야기

「혁거세왕 신화」는 신라의 시조 왕 혁거세가 어떻게 이 세상에 태어나서 왕위에 올라 신라를 세웠는가를 설명한 이야기입니다. 「단군 신화」, 「주몽 신화」, 「혁거세왕 신화」 모두 신적인 영웅의 탄생과 그 행적을 통해 나라의 시작을 이야기하고 있습니다. 『삼국유사』에 실려 있는 혁거세왕 이야기의 줄거리를 살펴볼까요?

옛날 진한 땅에 여섯 촌이 있었다. 여섯 촌의 시조들은 모두 하늘에서 내려왔다. 시조들은 알천 언덕 위에 모여 훌륭한 사람을 찾아 임금으로 삼고 나라를 세우고 도읍을 정하기로 했다. 그러고는 높은 곳으로 올라가 남쪽을 바라보니 나정(羅井, 경주에 있는 우물) 옆에 이상한 기운이 번갯불과 같이 땅에 드리우고 거기에 흰말이 절하는 것처럼 꿇어앉아 있었다. 그곳을 찾아가 보니 붉은 알이 하나 있었고, 말은 사람을 보고 길게 울다가 하늘로 올라가 버렸다. 그 알을 깨 보니 아름다운 사내아이가 나왔다. 아이를 동쪽 샘에서 목욕시켰더니 몸에서 광채가 나고 해와 달이 청명해졌다. 사람들은 아이를 혁거세왕이라고 하였다.

이날 알영이라는 우물가에 닭 모양의 용이 나타나 왼쪽 옆구리에서 여자아이 하나를 낳았다. 아이는 그 모습과 얼굴이 유달리 고왔으나 입술이 닭의 부리와 같았다. 아이를 월성(月城) 북쪽의 개천에서 목욕시키자 그 부리가 빠졌다.

사람들은 궁실을 짓고 두 성스러운 아이들을 받들어 길렀다. 남자아이의 성을 박이라 하고, 여자아이의 이름을 알영이라 하였다. 아이들이 자라자 왕과 왕후로 추대하여 나라를 세우고, 나라 이름을 서라벌이라 하였다.

시조 왕과 왕비가 결합하여 나라를 일으키다

혁거세 이야기에 따르면 여섯 집단의 대표가 서로 의논하여 박혁거세를 신라 최초의 왕으로 삼았다고 합니다. 신라는 원래 지금의 경주를 중심으로 한 지역에서 살고 있던 집단들이 모여서 이루어졌는데, 혁거세 이야기는 이들 집단이 합의하여 왕을 뽑았던 역사적 사실을 바탕으로 만들어진 이야기입니다. 즉 초기 신라 사회가 여러 집단의 합의에 의해 최고의 대표자를 뽑았다는 것을 말하고 있지요.

혁거세가 왕이 된 이유는 혁거세가 하늘로부터 내려온 알에서 태어났기 때문입니다. 보통 인간과는 다른 신성한 출생을 했다는 것이죠. 왕이란 보통

박혁거세와 알영의 무덤이라 전해지는 오릉
경주에 있는 능묘이다. 모두 5기가 있으며, 그중 2기는 박혁거세와 알영의 무덤이라고 전해진다.

사람과 다른 신성한 존재라는 고대인의 생각을 보여 줍니다. 왕 중에서도 맨 처음 나라를 세운 시조 왕은 더욱 신성하게 생각되었습니다. 그래서 한 나라의 시조가 나라를 세운 이야기는 신과 관련된 출생과 신비한 행적 등으로 화려하게 꾸며져 있습니다.

실제로 혁거세란 사람이 있었을까요? 그건 잘 모릅니다. 혁거세(赫居世)의 혁(赫)은 '붉은 빛', 거세(居世)는 '존재하다, 계시다'라는 뜻이므로, 이름 자체가 '빛나는 존재'라는 뜻으로 해석을 할 수 있습니다. 그러므로 진짜 있었던 사람의 이름이라기보다는 신라 초기에 왕을 가리키는 명칭을 시조 왕의 이름으로 사용한 것으로 생각됩니다. 고조선의 단군왕검을 생각해 보면 빨리 이해가 될 겁니다. '혁거세'는 '불구내(弗矩內)'라고도 하였는데, 불구내는 음을 따서 읽으면 '붉은'과 비슷한 소리가 납니다. 두 이름이 모두 빛을 나타냅니다. 혁거세는 하늘의 빛이 내려와 생긴 알에서 태어난, 빛으로 모습을 드러내는 하늘 신적 존재입니다. 고대 한국인은 하늘 신을 가장 높은 신으로 여겼는데, 신라인도 자신들의 임금이 하늘 신과 연결된 위대한 존재이므로 나라를 잘 이끌어 줄 것이라 믿었던 것입니다.

혁거세 신화에는 혁거세의 배필인 알영이 태어나는 이야기도 있습니다. 여기에는 나라의 시작에 시조 왕과 왕비의 결합이 중요하다는 생각이 드러나 있습니다. 인간의 생산이 남녀의 결합에서 비롯되듯 국가의 시작도 시조 왕과 왕비의 신성한 결합에서 비롯된다는 생각에서 나온 것입니다.

용의 몸에서 태어난 알영은 물의 신성함을 몸에 간직한 여자입니다. 옛날 동양 사람들은 용이 물을 상징하는 동물이라고 생각했으니까요. 물은 땅이 내뿜는 생산의 힘을 대표합니다. 따라서 혁거세와 알영의 결합은 하늘과 땅이 내뿜는 생산의 힘을 대표합니다. 따라서 혁거세와 알영의 결합은 하늘과 땅의 결합입니다. 하늘과 땅이 합치면 생산과 풍요가 일어납니다. 하늘과 땅을 상징하는 신성한 존재들이 결합하여 나오는 에너지가 국가라는 질서를 만들어 내고 그 국가의 풍요를 보장한다는 고대 신라인의 사고방식이 이러한 건국 신화를 낳게 한 것입니다.

혁거세와 알영의 탄생과 결합을 이야기한 신라의 건국 신화는 나라의 큰 제사가 있을 때 표현되었던 것 같습니다. 임금을 맞이할 의논을 하고 하늘에서 내려온 아이를 데리고 오며 다시 배필이 될 여성을 맞이하여 결합시키는 과정을 몸짓으로, 이야기로 표현한 것이지요. 신라 사람들은 하늘에서 내려온 신을 모셔와 여성 신과 결합시키는 과정의 제사를 거행하면서 신라의 안

떠들썩한 잔치 같은 제사
강릉 단오제 중 대관령국사성황제의 모습이다. 제사를 지낸 후에는 굿을 하고, 춤을 추고 노래를 부르며 강릉의 안녕과 풍요를 기원한다.

녕과 풍요를 기원했겠죠. 이러한 제사의 과정이 이야기 속에 스며들어 가 혁거세 이야기가 더욱 실감 나게 전해졌을 것입니다.

　신라의 가장 큰 나라의 제사는 시조 왕인 혁거세와 그 왕비 알영을 모시는 것이었습니다. 연중 여러 차례 지내는 이 제사 중에서도 특히 새해의 첫 달이나 둘째 달에 지내는 제사가 가장 거창했습니다. 새해를 맞이하여 나라가 편안하고 농사도 잘되기를 바라면서 지내는 제사였기 때문인 것 같습니다. 또 왕위에 올라 처음으로 맞이하는 새해에 시조 왕에게 지내는 제사는 왕이 직접 지내기도 했습니다.

　그런데 이때 제사는 우리가 지금 조상님께 지내는 제사나, 설날이나 추석에 지내는 차례와는 다른 점이 많습니다. 지금 우리가 가정에서 지내는 제사는 유교의 제사 형식을 많이 받아들여 엄숙하게 지내지만, 고려 시대까지도 제사에는 신을 맞이하여 신과 함께 노는 과정이 포함되어 있었습니다. 상당히 떠들썩하고 음주와 가무가 따르는 모양새였죠. 지금도 여러 지역의 마을 제사에서 이러한 모양을 볼 수 있는데, 마을 전체가 평안하고 농사가 잘되기를 기원하며 지내는 잔치 같은 제사입니다.

　결국 황당하고도 신비한 혁거세 이야기는 사람들이 자신이 속한 집단의 안녕과 풍요를 기원하는 데서 출발한 것임을 알 수 있습니다. 안녕과 풍요를 기원하는 데 하늘에서 내려온 알에서 태어난 남성(신)과 용의 옆구리에서 태어났다는 여성(신)의 결합을 연출하였던 것입니다.

「수로왕 신화」와 가야의 건국

"하늘이 나에게 여기에 나라를 세우고 임금이 되라 하셨다. 그래서 내가 이곳에 내려왔으니, 너희들은 흙을 파면서 이렇게 노래하라. '거북아, 거북아, 머리를 내어라. 내밀지 않으면 구워 먹으리라.' 이렇게 노래 부르면서 춤을 추면 큰 임금을 맞이하게 될 것이다."

사람들이 기뻐서 춤추고 노래하니 하늘에서 붉은 줄이 내려와 땅에 닿았다. 그 줄 끝에 붉은 보자기에 싸인 금색 상자가 있었다.

하늘이 알려 준 왕맞이 노래

가야의 건국 신화는 『삼국유사』에 실려 있는 「가락국기」에서 알 수 있습니다. 「가락국기」는 가락국, 즉 김해 금관가야의 역사를 풀어 놓은 것입니다. 가야는 어떤 빛깔의 건국 신화를 빚어냈는지 볼까요?

세상이 나타난 후로 아직 나라의 이름이 없었고, 임금과 신하의 칭호도 갖추지 못한 채, 아홉 명의 우두머리가 백성들을 거느리고 있었다.

어느 날 북쪽의 구지봉(龜旨峰)에서 무엇을 부르는 이상한 소리가 났다. 아홉 명의 우두머리들이 사람들을 이끌고 구지봉에 모이니 "여기에 사람이 있느냐?" 하는 소리가 났다. 사람들이 그 소리에 화답하니, "여기가 어딘가?" 하여 사람들이 구지라 대답하였다. 그랬더니 하늘에서 흙을 파며 "거북아, 거북아, 머리를 내어라. 내밀지 않으면 구워 먹으리라."라고 노래하고 춤을 추면 큰 임금을 맞이하게 될 것이라는 소리가 났다. 사람들이 기뻐서 춤추고 노래하니 하늘에서 붉은 줄이 내려와 땅에 닿았다. 그 줄 끝에 붉은 보자기에 싸인 금색의 상자가 있었다.

상자를 열어 보니 황금 알 여섯 개가 있었다. 사람들이 놀라고 기뻐하며 알을 향해 백 번이나 절을 했다. 열이틀이 지나자 이 알에서 여섯 명의 사내아이들이 나왔다. 아이들은 며칠 동안에 키가 크게 자라고 용모도 준수한 모습이 되었다. 맨 처음 나온 아이가 수로로서 대가락국을 세웠다. 나머지 다섯 아이도 각기 다섯 가야를 세웠다. 이것이 6가야이다.

여러 나라가 연맹 왕국을 이루다

지금의 경상남도 김해 지역 아홉 마을의 우두머리들이 하늘에서 내려온 금색 상자를 맞이했는데, 그 속에 알이 들어 있었고 그 알에서 깬 아이가 가락국의 첫 임금이 되었다는 것입니다. 「가락국기」 뒷부분에는 가락국의 첫 임금 수로가 바다 멀리 저편에서 온 허 왕후를 맞이해 배필로 삼았다는 이야기도 곁들여 있습니다.

하늘에서 내려온 알을 여러 사람이 맞이하고, 거기서 태어난 아이가 첫 임금이 되었으며, 또 신성한 여인과 결혼했다는 이야기는 신라의 「혁거세왕 신화」에서 이미 살펴보았습니다. 먼 옛날 신라와 가야가 있었던 지금의 경상도 각 지역은 나라의 시작을 이런 식으로 꾸미는 데 공통점이 있었나 봅니다.

그런데 이 신화 속에 무척 재미있는 장면이 끼어 있습니다. 아홉 명의 우두머리가 백성을 이끌고 구지봉에 올라 임금을 맞이하기 위해 땅을 파면서 노래를 부르고 춤을 추었다고 합니다. 이때 불린 노래가 바로 「구지가」입니다. 그렇게 해서 하늘에서 수로가 내려왔다고 하니, 땅을 파고 춤을 추며 노래

가야의 왕비는 외국인?

『삼국유사』에 실려 있는 「가락국기」에 의하면 허 왕후는 아유타국의 공주였다고 한다. 아유타국은 인도 갠지스 강 중류에 있었던 아요디아 왕국이라고도 하고, 또는 아요디아 왕국이 태국에 건설한 식민국이라고도 한다. 이 외에도 허 왕후를 중국 쓰촨 성의 자링 강 유역에서 살던 파족의 중심 가문인 허씨계의 여인이라고 보는 학자도 있다. 허 왕후의 출신에 대해서는 이렇듯 여러 가지 추측이 있으나, 아직은 정확히 알 수 없다.

를 부른 것 모두 일이나 재미로 한 것만은 아닌 듯합니다.

　사람은 느끼거나 원하는 것을 표현합니다. 그렇게 표현함으로써 원하는 것이 이루어질 것이라든지 이루어졌다고 믿기도 합니다. 원시 시대부터 노래와 춤은 이러한 정서나 소망을 표현하는 대표적인 방법이었습니다. 그러면 땅을 파고 춤을 추면서 무엇을 표현했을까요? 땅을 파는 것은 농사지을 때 하는 몸짓을 떠올리게 합니다. 농사짓는 모습을 따라 하고 춤과 노래를 하면서 농사가 잘되기를 바라는 소망을 표현한 것입니다.

　이때 무언가 신성한 존재가 내려왔다고 했으니, 그 존재는 농사가 잘되기를 바라는 소망과 관련이 있겠지요. 그 존재는 바로 첫 임금이 된 수로였습니다. 그렇다면 가락국 사람들은 수로라는 존재를 첫 임금이자 농사를 잘되게 해 주는 신성한 임금이라고 생각했던 것입니다. 이러한 생각은 단군이나 주몽, 박혁거세 이야기에서도 볼 수 있습니다. 그만큼 먹을거리를 생산하는 농사는 나라의 가장 중요한 일이었던 것입니다.

　그런데 불렀다는 노래의 가사가 참으로 알쏭달쏭합니다. 도대체 이게 무슨 뜻일까요? 우선 옛날 사람들은 거북이를 생명의 상징으로 생각했던 것 같습니다. 거북이는 물에서도 살고 뭍에서도 사는 동물이며, 머리를 집어넣었다 빼내었다 하는 동물입니다. 옛사람들은 이쪽저쪽의 능력을 다 가지고 있는 것을 신비롭게 생각하여 거북이를 신성한 생명을 상징하는 동물로 본 듯합니다. '머리를 내어놓아라'라고 한 것은 신성한 생명을 내어놓으라는 것이고, 그렇게 하지 않으면 '불로 구워 먹겠다'는 것은 위협입니다. 신성한 생명이란 이 세상의 모든 생명체가 살아가는 데 필요한 생명력일 것입니다.

가야 연맹 기원전부터 낙동강 하류와 경남 해안 지역에는 여러 작은 나라들이 생겨나기 시작하여 연맹 왕국으로 발전했다.

노래는 바로 생명을 가능하게 하는 힘이 이 세상에 가득 차기를 바라는 소망, 삶을 풍요롭게 하는 소망을 표현하는 노래였을 것입니다.

이렇게 해서 내어놓은 생명의 상징이 바로 수로입니다. 수로는 그 왕성한 생명력 때문에 첫 임금이자 농사를 잘되게 하는 임금이라고 생각되었습니다. 이 노래는 사람들에게 널리 불린 듯합니다. 통일 신라 때 지금의 강릉 지역에서도 '거북아, 거북아, 수로를 내어놓아라'라는 노래가 있었다고 『삼국유사』에 기록이 있습니다.

이 이야기에서는 수로왕 말고도 다섯 개의 알이 더 있어 거기에서 가야의

새 모양 토기 가야 지역에서는 동물을 본뜬 토기가 많이 출토되었다. 새는 풍요를 가져다주는 신으로 믿어졌다.

수레바퀴 장식 토기 아라가야 지역에서 출토되었다. 모양이 특이한 것으로 보아 의례에 쓰였던 것 같다.

다른 나라 임금들이 나왔다고 하였습니다. 원래 가락국, 즉 금관가야의 건국 신화는 하늘에서 수로가 내려와 나라가 세워졌다는 이야기였을 터인데, 후에 금관가야가 가야 연맹의 주도국이 되었을 때 다른 나라들 이야기도 슬쩍 집어넣었을 것입니다. 그래서 하늘에서 여섯 개의 알이 내려왔고 이 중 가장 먼저 태어난 것이 수로이며 나머지는 다른 나라의 왕이 되었다고 변형시킨 것이 지금까지 전해진 것이지요.

가야 연맹의 주도국 금관가야

여러 가야국 중에서 김해의 금관가야는 철을 많이 만들어 낙랑이나 대방, 왜 등지에 수출을 하여 경제적으로 풍족하였고 힘이 셌다. 그래서 금관가야를 중심으로 여러 나라들이 연맹 관계를 맺고, 다른 나라와의 전쟁이나 교역을 금관가야를 중심으로 함께 처리했다.

한편 지금의 경상북도 고령 지역에는 또 다른 가야의 건국 신화가 전해지고 있습니다. 『신증동국여지승람』이라는 책에 보면 가야산의 산신인 정견모주가 하늘 신인 이비가지와 짝을 맺어 대가야 왕 뇌질주일과 금관국 왕 뇌질청예 형제를 낳았다고 합니다. 뇌질청예는 금관가야의 시조 수로를 말합니다. 대가야는 금관가야가 힘이 약해진 5세기 후반 이후 가야 연맹을 이끌었던 주도국이었습니다. 대가야가 힘이 세었을 때 가야의 유래를 설명하면서 자신의 시조가 형이고 이전에 힘이 세었던 금관가야는 동생이라고 했던 것이지요. 백제의 건국 설화에서 먼저 주도권을 잡은 비류를 형이라 하고 나중에 주도권을 잡은 온조를 동생이라고 한 것과 같은 의미입니다. 자신의 시조가 형이고 이전에 힘이 세었던 금관가야는 동생이라고 하여 지금 자신들의 힘이 세다는 것을 과시했던 것이라 하겠습니다.

3부 삼국 시대 이야기

「황조가」 고구려 · 「석탈해 이야기」 신라 · 「연오랑 세오녀」 신라
「도미의 아내」 백제 · 「설씨녀」 신라 · 「온달 이야기」 고구려
「여수장우중문시」 고구려 · 「구토지설」 신라

고구려, 백제, 신라는 때로는 협력하고
때로는 싸우며 **나라의 기틀을 다져** 나갔습니다.
한반도의 패권을 두고 경쟁하다가 마침내 신라가 삼국을 통일하지요.
나라를 지키고 발전시키기 위해 노력한 **왕과 귀족들, 장수들**의
이야기를 만나 보세요. 그리고 힘든 상황에서도
소망을 잃지 않고 살았던 **삼국 시대 민중의 삶**도 만나 보세요.

신라의 여인 토우

「황조가」와 고구려인의 사랑

翩翩黃鳥　펄펄 나는 꾀꼬리는
雌雄相依　암수 서로 정다운데
念我之獨　외로운 이내 몸은
誰其與歸　누구와 함께 돌아갈꼬

짝을 잃은 외로움과 슬픔

「황조가」는 고구려 제2대 왕인 유리왕(재위 기원전 19~기원후 18)이 지었다는 시입니다. 황조(黃鳥)는 '꾀꼬리'를 말하므로, 황조가(黃鳥歌)는 '꾀꼬리를 보고 지은 노래'라는 뜻입니다. 『삼국사기』에 유리왕이 어떻게 이 시를 지었는지 설명되어 있습니다.

기원전 17년(유리왕 3년) 10월에 왕비가 죽어 두 명의 여자를 새 부인으로 맞아들였다. 한 여자는 화희로 골천 사람이고, 한 여자는 치희로 중국인이었다. 두 여자는 서로 질투하며 사이가 좋지 않았다. 그래서 왕은 궁실을 따로 지어 떨어져 살게 했다. 한번은 왕이 사냥을 나가 칠 일 동안 돌아오지 않은 사이에 두 여자는 또 싸웠다. 화희가 치희에게,

"너는 한인(漢人, 한족에 속하는 사람) 집안의 비첩(婢妾) 주제에 어찌하여 그토록 무례하냐!"

라고 하자 치희는 마음이 상해 제 나라로 돌아갔다. 사냥에서 돌아온 왕이 이 사실을 알고 말을 달려 쫓아갔지만, 화가 난 치희는 끝내 돌아오지 않았다. 상심한 왕이 나무 밑에서 쉴 때 꾀꼬리가 날아와 노는 것을 보고 이 노래를 지었다고 한다.

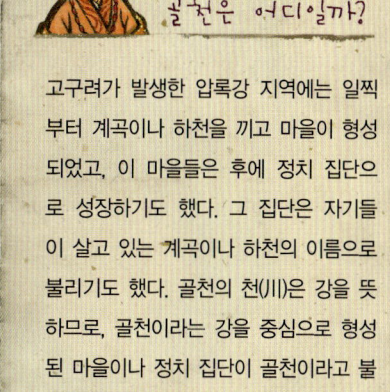

골천은 어디일까?

고구려가 발생한 압록강 지역에는 일찍부터 계곡이나 하천을 끼고 마을이 형성되었고, 이 마을들은 후에 정치 집단으로 성장하기도 했다. 그 집단은 자기들이 살고 있는 계곡이나 하천의 이름으로 불리기도 했다. 골천의 천(川)은 강을 뜻하므로, 골천이라는 강을 중심으로 형성된 마을이나 정치 집단이 골천이라고 불렸을 것이다.

중국인과 고구려인의 갈등

이 노래는 정답게 놀고 있는 꾀꼬리에 비해 짝이 없어 쓸쓸한 사람의 심정을 잘 표현하고 있습니다. 그러나 단순히 개인의 심정을 노래한 것은 아닌 듯합니다.

그래서 이렇게 생각해 보는 것도 재미있을 것 같습니다. 짝이 없는 쓸쓸함을 표현한 이 노래는 원래 짝을 찾는 남자나 여자들이 부르던 유행가와 같은 것이 아니었을까 생각해 보는 것입니다. 아주 오랜 옛날에는 결혼할 나이에 이른 여자와 남자들이 모여서 서로 짝을 찾는 놀이가 있었습니다. 사람들이 많이 모이는 큰 축제일이나 장례식 같은 때에 짝 찾기 놀이를 했다고 합니다. 그럴 때에 젊은이들이 연애할 상대를 구하면서 이런 노래를 불렀던 것은 아닐까요? 그러다 유리왕이라는 개인에게 생긴 일이 알려지면서 이 유행가를 유리왕이 지었다고 기록한 것으로 보면 어떨까요?

또 다른 해석 방법도 있습니다. 이 노래가 사람들의 심정을 표현한 서정시가 아니라 당시의 역사적 사건이나 배경을 노래했다고 보는 것입니다. 화희와 치희는 출신 집단이 다릅니다. 치희는 중국 사람이라 하고 화희는 골천 사람, 즉 고구려에 속한 집단 출신이라 하였습니다. 이 두 여자의 갈등은 고구려에 속한 집단들과 근처 중국인 집단들 간의 갈등을 표현한다고 하겠습니다. 유리왕은 두 집단 출신의 여자들과 나란히 결혼하여 이들의 갈등을 줄여 보려고 했지만, 결국은 실패하였다는 것입니다. 실패하여 느낀 좌절감을 이렇게 사랑에 실패한 쓸쓸함에 빗대어 노래하였다고 볼 수도 있겠습니다.

같은 주제로 그린 고구려와 중국의 벽화
고구려의 해 신 달 신(위쪽)과 중국 투루판의 해 신 달 신(오른쪽) 그림이다. 소재는 같지만, 얼굴 생김새와 자세, 옷차림 등 표현이 많이 다르다. 중국과 고구려의 문화가 많이 달랐다는 것을 알 수 있다.

그 외에도 많은 학자들이 이 노래에 대해 다양하게 해석하였습니다. 무엇이 확실하게 맞다고 할 수는 없습니다. 우리가 타임머신이라도 타고 가서 확인해 보지 않는 이상에는 말이죠. 그렇지만 남아 있는 자료만 가지고 옛날 사람들의 생활을 상상하고 그들의 생각을 이해하면서 여러 가지로 해석을 해 보는 것도 참 재미있지요?

「석탈해 이야기」와 신라의 왕

　탈해는 꾀를 내어 몰래 숫돌과 숯을 그 집 곁에 묻고 이튿날 이른 아침에 그 집에 가서 말했다.

　"이 집은 우리 조상 때의 집이오."

　호공은 그렇지 않다고 탈해와 싸우다 결국 관청에까지 가서 다투었다. 관원이 탈해에게 물었다.

　"그 집이 너의 집이라는 증거가 무엇이냐?"

　이에 탈해는

　"우리 집안은 본래 대장장이였는데 잠시 어디 다녀온 동안 다른 사람이 빼앗아 살고 있습니다. 땅을 파 보면 알 것입니다."

하고 말했다. 관원이 그 말대로 하니 과연 숫돌과 숯이 나왔다. 그리하여 탈해가 그 집을 차지하게 되었다.

간사한 꾀로 왕이 된 사나이

「석탈해 이야기」는 신라의 네 번째 왕 석탈해의 일생에 관한 이야기입니다. 그런데 숫돌과 숯을 묻어 남의 집을 빼앗다니요? 탈해는 매우 교활한 사람인가 봅니다. 신라 사람들은 이렇게 교활한 사람을 왕으로 섬겼을까요? 탈해 이야기의 줄거리는 다음과 같습니다.

신라 남해왕 때에 나라의 동쪽 하서지촌 아진포에 배 한 척이 닿았다. 바닷가에 있던 할머니가 이 배를 발견하였는데 배 안에는 상자 하나가 있었다. 상자를 열어 보니 잘생긴 남자아이와 온갖 보물과 노비들이 가득 들어 있었다. 남자아이는 본래 용성국의 왕자로, 태어날 때 알에서 태어나 왕이 불길하다 하여 바다에 버려졌다가 인연이 있는 이곳에 다다르게 되었다고 말하였다.

탈해는 하인을 거느리고 토함산에 올라 돌무덤을 만들고 그곳에 칠 일 동안 머물렀다. 그러고는 살 만한 곳이 있는지 산 아래 마을을 살펴보았다. 내려다보니 초생달 같은 둥근 언덕이 있는데, 오랫동안 살 만한 곳이라 생각하여 찾아가 보니 호공이라는 사람의 집이었다.

탈해는 꾀를 내어 몰래 숫돌과 숯을 그 집 곁에 묻고 이튿날 이른 아침에 그 집에 가서 이 집은 우리 조상 때의 집이라 하였다. 호공은 그렇지 않다고 탈해와 싸우다 결국 관청에 고발했다. 관청에서는 탈해더러 그 집이 너의 집이라는 증거가 무엇이냐 물었다. 탈해는 우리 집안이 본래 대장장이였는데 다른 사람이 빼앗아 살고 있으니 그 땅을 파 보면 알 것이라 하였다. 탈해의 말대로 그 집의 땅을 파 보니 숫돌과 숯이 나왔다. 그리하여 탈해가 그 집을 차지하게 되었다. 이때 남해왕이 탈해가 슬기로운 것을 알고 공주를 주어 아내로 삼게 하였다.

하루는 탈해가 동악(東岳)에 올라갔다가 돌아오는 길에 하인에게 물을 떠오라 하였다. 하인이 중간에 먼저 맛을 보았더니 물그릇이 입에 붙어 떨어지지 않았다. 탈해가 이것을 보고 꾸짖으니 하인이 앞으로는 절대로 먼저 맛보지 않겠다고 맹세하였다. 그제야 물그릇이 입술에서 떨어졌다. 이때부터 하인들이 탈해를 두려워하여 감히 속이지 못하였다.

탈해는 왕위에 올라 성을 석씨라 하고, 23년 동안 왕위에 있다가 죽었다. 장사 지낸 후 신이 나타나 "내 뼈를 조심해서 묻으라."라고 했다. 그래서 능을 헤쳐 보았더니 해골과 몸 뼈가 살아 있을 때처럼 모두 이어져 있었는데 천하무적 장사의 골격이었다. 뼈를 부수어 궁궐 안에다 봉안하였더니 신이 또 나타나 "내 뼈를 동악에 두라."라고 하여 그렇게 했다.

신의 뜻을 알고 그 뜻에 따라 나라를 다스리는 사람

탈해는 신라의 네 번째 왕으로 석씨의 시조라고 합니다. 신라는 박씨, 석씨, 김씨가 돌아가며 왕위를 이었다고 앞에서 이야기하였지요? 박혁거세부터 제3대 왕까지는 박씨가 왕위를 이었고, 제4대 왕은 석씨인 탈해가, 제5대왕은 다시 박씨가 되었습니다.

　신라의 시조 혁거세가 하늘의 계시로 갑자기 신라 땅에 나타난 것과 달리, 탈해는 어느 먼 나라에서 태어나 오랜 여행 끝에 신라 땅에 들어와 정착하였습니다. 혁거세와 달리 탈해의 출신에 대해 구체적인 지역과 나라 이름까지 나와 있습니다. 탈해와 그를 시조로 하는 석씨 집단이 다른 곳으로부터 이주해서 신라에 정착한 집단이기 때문일 것입니다. 탈해가 태어났다는 용성국은 왜의 동북쪽 일천 리에 있었다고 하는데 그것이 동해 가운데 있던 나라인지, 아니면 중국보다 더 서쪽에 있는 어떤 나라였는지, 중국 남부 해안 지역에 있었는지 논란이 있습니다. 그러나 탈해가 경주 동해안에 살았다는 것이나 죽은 뒤 동악의 신으로 숭배되었다는 이야기를 보면, 탈해 집단이 바다를 끼고 이동하여 경주 동쪽에 자리 잡고 성장한 집단이라고 짐작할 수 있습니다.

　탈해는 호공과의 싸움에서 자기 집안이 대장장이 출신이라고 밝힘으로써 원하던 집을 차지하고, 그 덕분에 왕의 사위가 되고 마침내 왕이 되었습니다. 인간이 돌 속에서 금속을 뽑아내어 이를 도구로 만들어 사용하게 된 것

탈해가 호공을 몰아내고 차지한 언덕
월성이라고 하며 신라의 왕성이었다. 2세기 초 파사왕 때 금성에서 이곳으로 왕궁을 옮겼다. 모양이 반달 같다고 하여 반월성·신월성이라고도 한다.

신령스러운 존재를 상징하는 신라의 금관
금관의 세움 장식은 나뭇가지와 사슴뿔을 상징한다.
사슴과 나무는 북아시아 유목민에게 신령스러운 존재로, 무당은 대개 사슴뿔 모양의 관을 쓰고 있었다. 이러한 신앙이 신라에도 있었던 듯하다.
ⓒ 국립경주박물관 소장

은 굉장한 사건이었습니다. 금속으로 된 도구를 만들 줄 아는 사람, 또 이를 소유하고 사용하는 사람은 보통 사람과는 다르게 여겨졌습니다. 금속 도구를 만들고 사용하는 일에는 사람의 힘이 아니라 신의 힘이 작용한다고 생각하였습니다. 그래서 청동기 시대에는 신과 접촉하는 무당이나 신의 명령을 받았다고 여겨진 집단의 우두머리가 청동기를 사용했습니다. 철기를 만들어 사용할 때에도 처음에는 이러한 상황이 어느 정도 이어졌습니다.

신의 힘을 얻어야 금속을 다룰 수 있다고 믿었던 고대인은 대장장이와 무당이 똑같이 신성하다고 생각했습니다. 그러므로 탈해는 금속을 다루는 능력뿐 아니라 신과 접촉할 수 있는 능력도 가졌기 때문에 신라인에게 슬기롭다고 칭송받았던 것이며 왕이 될 수 있는 자격까지 갖게 되었던 것입니다. 신라 사람들이 탈해를 신성하다고 생각하였던 것은 하인의 입술이 물그릇에 붙었던 이야기나 탈해가 죽어서 동악의 신이 되었다고 믿었던 것에서도 알 수 있습니다.

신라에서 왕이라는 중국식 지배자의 호칭을 쓴 것은 6세기의 일입니다. 그 전에 신라는 거서간, 차차웅, 이사금, 마립간이라는 고유의 호칭을 썼습니다. 그중 차차웅이라는 호칭은 무당에서 비롯된 호칭이라고 합니다. 왜 무당을 가리키는 말로 임금을 불렀을까요?

　고대인은 아직 자연에 대한 지식이 많지 않았기 때문에 농사에 영향을 주는 기후의 이변이나, 전혀 예기치 못하였던 외적의 침입, 병들어 죽는 것 등 인간의 힘으로는 어찌할 수 없는 여러 일들은 모두가 신의 힘에 달려 있다고 생각하였습니다. 따라서 인간이 행복해지려면 신의 뜻과 힘을 아는 것이 중요하였습니다. 신의 뜻과 힘을 알고, 이를 인간에게 전해 주는 사람이 바로 무당입니다. 그래서 고대 사회에서 무당은 무척 중요하였던 것입니다. 나라의 임금을 무당을 가리키는 말로 부를 정도로 말이지요.

　그런데 신라의 임금은 정말 무당이었을까요? 우리가 흔히 알고 있는 무당의 모습을 생각하고는 고개를 설레설레 흔드는 사람들이 많을 것입니다. 그러나 지금의 무당과 고대의 무당은 여러 면에서 다릅니다. 그러므로 신라의 임금이 무당이 꼭 아니라고 할 필요는 없지만, 반드시 무당이었기 때문에 차차웅이라고 부른 것은 아니었습니다. 오히려 무당처럼 중요한 일을 하는 사람이었기 때문에 존경스러운 사람이라는 뜻에서 차차웅으로 불렀을 것입니다.

　신라인은 자기네 지배자가 무당처럼 신과 접촉하여 그 의지를 읽고, 세상을 더 풍요롭고 안전하게 지켜 주길 바랐던 마음에서 차차웅을 지배자의 호칭으로 썼던 것입니다. 탈해 이야기는 시조인 혁거세 이야기와 함께 고대인, 특히 신라인이 자신들의 지배자가 어떠한 존재이기를 바랐는지 잘 알려 주는 좋은 자료입니다.

「연오랑 세오녀」와 신라의 일월 신앙

연오랑과 세오녀가 일본으로 건너간 후, 신라에서는 해와 달이 빛을 잃었다. 점치는 사람이 아뢰었다.

"해와 달의 정기가 우리나라에 있다가 일본으로 간 까닭에 이러한 이상한 일이 있는 것입니다."

왕은 일본에 사신을 보내어 두 사람에게 돌아오라고 했으나, 연오랑은 거절하며 이렇게 말했다.

"우리가 여기에 온 것은 하늘의 뜻이니, 어찌 돌아갈 수 있겠소. 나의 아내가 손수 짠 가는 비단을 줄 터이니 이것을 가지고 하늘에 제사하면 빛을 찾을 수 있을 것이오."

해와 달이 빛을 내는 이야기

「연오랑 세오녀」는 해와 달에 관한 이야기입니다. 어느 민족이든 해와 달에 관한 이야기는 많습니다. 우리나라에도 해와 달에 관한 이야기가 많이 전래되었는데, 문헌에 기록되어 전하는 가장 오래된 이야기는 「연오랑 세오녀」 이야기입니다. 이 이야기에서 해와 달은 빛을 잃기도 하고 다시 빛나기도 합니다. 줄거리를 살펴볼까요?

신라 제8대 임금 아달라왕 때, 동해 연안에 연오랑과 세오녀 부부가 살았다. 하루는 연오랑이 바다에서 해초를 따는데, 갑자기 바위 하나가 나타나 이것을 타고 일본으로 건너갔다. 일본 사람들이 그를 보고 보통 인물이 아니라고 여겨 왕으로 모셨다. 세오녀는 남편이 돌아오지 않자 이상하게 생각하다 남편이 벗어 놓은 신발을 보고, 역시 그 바위에 올라타니 마찬가지로 일본으로 건너갔다. 그 나라 사람들이 놀라 왕에게 바치니 부부가 상봉하여 세오녀는 왕비가 되었다.

이때 신라에서는 해와 달이 빛을 잃었다. 점치는 사람이 해와 달의 정기가 일본으로 간 까닭이라고 말하였다. 왕은 사신을 보내 두 사람에게 돌아오라고 하였으나, 연오랑은 하늘의 뜻이라며 거절하였다. 그리고 세오녀가 짠 비단을 주었다. 사신이 돌아와 비단으로 하늘에 제사를 지내니 해와 달이 예전처럼 빛났다. 그 비단을 창고에 두고 국보로 삼았는데, 그 창고를 귀비고라 하고 제사 지낸 곳을 영일현이라 하였다.

옷감을 짜서 해와 달에게 제사하다

『삼국유사』에는 「연오랑 세오녀」 이야기가 신라 아달라왕(재위 154~184) 때 일어난 일이라고 적혀 있습니다. 마치 실제로 있었던 일처럼 적혀 있지만, 이 이야기를 그대로 믿기는 어렵습니다.

연오랑(延烏郎), 세오녀(細烏女)는 해와 달을 사람처럼 꾸며 말한 것입니다. '오(烏)'는 까마귀를 뜻합니다. 옛날부터 중국이나 한국, 일본 사람들은 까마귀를 해와 빛을 상징하는 동물이라고 생각하였습니다. 그래서 연오랑과 세오녀가 일본으로 가 버리자 신라에서 해와 달이 빛을 잃었다고 한 것이죠. 해와 달의 빛은 사람이 사는 데 아주 중요하므로 그 빛이 사라지면 큰일입니다. 그런데 때때로 해와 달은 빛을 잃습니다. 겨울이 되면 해가 빛을 잃고, 한 달에 한 번씩 달이 빛을 잃죠. 일식과 월식 때에도 빛을 잃습니다. 해와 달이 빛을 잃으면 그 힘을 북돋아 주어야 합니다. 그래서 옛날 사람들은 해와 달이 빛을 다시 되찾도록 힘을 불어넣어 주는 제사를 드렸답니다.

신라 사람들도 해와 달이 다시 힘을 찾을 수 있도록 제사를 드렸습니다. 제사를 드릴 때 세오녀가 짠 비단을 바쳤다고 합니다. 원시 시대에 옷감을 짜는 것은 위대한 발명이었습니다. 풀이나 짐승 가죽으로 몸을 두르던 시절, 무엇에선가 실을 뽑아 그 가느다란 실로 천을 짰다고 생각해 보세요. 그처럼 경이로운 일이 어디 있었을까요? 그래서 옛날 사람들은 천을 짜는 일을 신성하게 생각했답니다. 옷감을 짜는 것은 신이 세계를 창조하는 것과 같은 일이라고 생각하였어요.

옷감 짜는 일은 여성들이 주로 하였지요. 여성이 짠 옷감은 제사를 할 때 신에게 바치는 중요한 물건이었답니다. 그리스 신화 중에 아테나와 아라크네의 옷감 짜기 시합 이야기가 있지요? 일본 신화 중에도 하늘의 여신 아마테라스가 옷감 짜는 일을 하였다고 하고요. 신라 경주의 여자 산신인 선도성모도 옷감 짜는 일을 하였다고 합니다. 신이 세계를 창조하는 것과 같이 여신이 짠 옷감을 가지고 제사를 지내 해와 달이 새로이 빛을 내뿜도록 하였던 것입니다. 결국 이 이야기는 신라 사람들이 해와 달에게 옷감을 짜서 바치면서 제사를 올리던 것을 이야기로 꾸민 것입니다. 이렇게 하면 해와 달이 빛을 되찾도록 제사를 드리는 배경과 이유가 사람들에게 훨씬 실감 나게 다가올 것이기 때문입니다.

사건이 벌어진 곳을 일본이라고 한 것은 신라와 일본이 일찍부터 바다를 통해 서로 통하고 있었기 때문입니다. 옛날부터 경주 근처 바다에서는 바람과 바닷물의 흐름만 따라가도 일본에 도착할 수 있었다고 합니다. 일본에도 신라의 왕자가 일본으로 떠난 부인을 찾아 일본에 건너와 살았다는 이야기가 전해지고 있습니다. 또 『삼국사기』에는 아달라왕 때 왜국(당시 일본에 있던 나라 이름)의 여왕 히미코가 신라에 사신을 보냈다는 기록도 있어요. 즉, 해와 달인 남자와 여자가 일본으로 건너갔다고 꾸민 것은 신라 사람들이 일본 사람들과 오래전부터 왕래를 하고 있었다는 역사적 사실을 잘 말하여 준답니다.

신라의 여인 천 년 전 옷감을 짜던 여인이었을까? 치맛자락 사이로 버선발을 내밀고 수줍은 미소를 짓고 있는 여인의 모습이 마치 살아 있는 듯하다.

ⓒ 국립경주박물관 소장

「도미의 아내」와 백제의 웅진 천도

왕으로 가장한 신하가 도미의 아내에게 말하길,

"나는 오래전부터 네가 예쁘다는 소리를 듣고, 도미와 내기를 해서 이겼다. 내일 너를 내 부인으로 삼을 것이니, 지금부터 네 몸은 내 것이다."

라고 하였다. 도미의 아내는

"국왕께서 헛된 말을 하실 리 없으니 따를 수밖에 없습니다. 대왕께서는 먼저 방에 들어가소서. 제가 옷을 갈아입고 들어가겠습니다."

라고 하였다. 그러고는 계집종을 치장하여 방에 들어가게 하였다.

목숨을 걸고 정조를 지킨 여인 이야기

「도미의 아내」는 백제의 평범한 백성인 도미와 그의 아내에 관한 이야기입니다. 『삼국사기』「열전(列傳, 여러 사람들의 이야기를 모은 것)」에 실려 있습니다. 이야기의 줄거리는 다음과 같습니다.

도미는 백제 사람이다. 비록 하찮은 백성이었지만 의리를 알았다. 도미의 아내는 아름답고 절조 있는 행실을 하여 사람들의 칭찬을 받았다. 개루왕이 이를 듣고 도미를 불러, 사람이 없는 곳에서 교묘한 말로 유혹하면 마음이 움직이지 않는 여인이 없다고 하였다. 그러나 도미는 자신의 아내는 죽는 한이 있더라도 변하지 않을 것이라 대답했다.

왕이 이를 시험해 보기 위하여 도미를 집에 가지 못하게 하고는 신하를 왕처럼 꾸며 도미의 집에 가게 하였다. 왕으로 변장한 신하는 도미와 내기를 해 이겼으므로 도미의 아내를 부인으로 삼겠다고 하였다. 도미의 아내는 옷을 갈아입고 들어가겠다고 거짓말을 하고는 계집종을 들여보냈다.

왕이 속은 것을 알고 크게 노하여, 도미의 두 눈알을 빼고 작은 배에 태워 강에 띄웠다. 그러고는 도미의 아내를 끌어다가 강제로 음행을 하고자 하였다. 도미의 아내는 월경 중이라고 왕을 속여 도망쳐 나왔다. 강어귀에 이르렀으나 건널 수가 없었다. 도미의 아내가 하늘을 부르며 통곡하니 갑자기 조각배가 나타나 이를 타고 천성도에 이르러 도미를 만났다. 도미와 도미의 아내는 풀뿌리를 캐 먹으며 함께 배를 타고 고구려의 산산(蒜山) 밑에 이르렀다. 고구려 사람들이 이들을 불쌍히 여겨 옷과 먹을 것을 주었다. 그들은 옷과 음식을 구걸하며 구차하게 살아 나그네로 일생을 마쳤다.

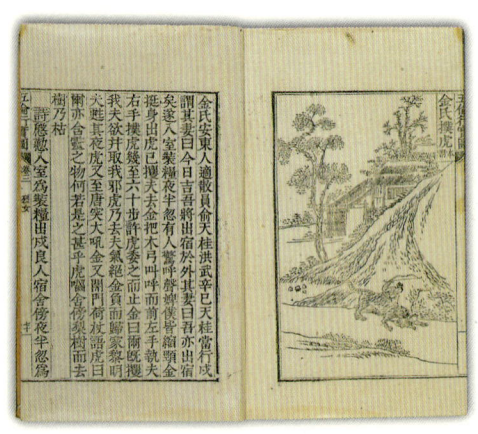

「오륜행실도」 조선 정조의 명에 의해 편찬된 윤리 규범서이다. 열녀 35명의 행적을 소개하고 있다.

도미의 아내는 아름다우며 행실이 발라서 사람들이 칭찬을 하였다는데, 그 바른 행실이라는 것이 남편을 위하여 정조를 잘 지켰다는 것입니다. 결국 이 이야기는 도미 아내의 정조를 칭찬하는 이야기입니다. 정조란 이성 관계에서 현재 관계를 맺고 있는 사람 외에 다른 사람을 마음에 두거나 가까이하지 않는 것을 말합니다.

「도미의 아내」와 같이 옛날 우리나라 이야기 중에는 여자가 남편을 위해 정조를 지켰던 것을 칭찬한 이야기가 많습니다. 이러한 이야기를 '열녀 이야기'라고 합니다. 열녀는 정조를 잘 지킨 여자를 말합니다. 특히 조선 시대에 가면 열녀의 행실이 더 칭찬을 받아 심지어 정조를 위해 목숨을 버린 여자들의 이야기가 많이 퍼졌습니다.

한강을 빼앗긴 왕에게 보내는 경고

조선 시대 지배층은 유교를 굳게 믿었는데, 유교에서는 여자가 남자를 위해 정조를 잘 지키는 것이 옳은 행동이라고 가르쳤기 때문입니다.

정조를 지키는 것이 이성 관계에서 중요하다면 남자나 여자 모두에게 해당하는 것이 아닐까요? 그런데 옛날 우리나라에서는 남자의 정조보다는 여자의 정조를 더 중요하게 생각했답니다. 옛날에는 남자들이 정치적으로나 경제적으로 더 강한 힘을 가지고 있어서 여자들을 자기들 밑에 두고 자기들 뜻대로 하려고 하였기 때문입니다. 또 지금은 인간이 모두 평등하다고 생각합니다만, 옛날에는 사람들을 여러 종류로 나누어서 차별하는 것이 보통이었습니다. 그래서 남자는 우월하고 여자는 열등하다는 차별 의식도 있었습니다.

정조를 지키는 것은 평상시에는 문제가 될 것이 없습니다. 그러나 정조를 지키지 못하게 하는 어떤 장애가 있는데, 그 장애를 극복하고 정조를 지켰을 때 사람들의 칭찬을 듣게 됩니다. 도미의 아내는 당시 최고 권력자였던 왕의 유혹이 그 장애였습니다. 백성들의 목숨도 빼앗을 수 있는 왕의 유혹을 물리친다는 것은 쉬운 일이 아닙니다. 욕심 많은 왕은 부인을 차지하기 위해 남편인 도미의 두 눈을 멀게 하고 멀리 쫓아 버렸습니다. 왕의 명령을 거절하면 부인의 목숨도 위태로웠을지 모릅니다. 그러나 도미 부인은 지혜를 발휘해 속임수를 써서 겨우 빠져나올 수 있었습니다. 그리고 남편을 만나 함께 살게 되었습니다. 힘이 센 자의 횡포를 힘이 약한 자가 물리친 것입니다. 힘이 센 자는 옳지 못한 것을 힘으로 강요하였으나 결국에는 얻지 못하였고, 힘이 센 자의 강압에 핍박을 받았던 약한 자는 옳은 것을 지키기 위해 목숨을 걸고 노력하여 결국에는 행복을 얻게 된 것입니다.

이 이야기는 여자의 정절을 강조하려는 지배층에게도 흥미로운 이야기였 겠지만, 권력자의 횡포에 맞서 자신들의 감정을 지키려는 피지배층의 이야기를 대변하는 것이기도 하였습니다. 그래서 사람들에게 널리 알려지게 되었을 것입니다.

도미와 그 아내를 핍박한 자는 개루왕이라고 하는데, 이 개루왕은 2세기 전반에 왕 노릇을 했던 개루왕이 아니라 455년에서 475년에 왕 노릇을 했던 근개루왕, 즉 개로왕입니다. 백제인이었던 도미와 그 아내가 나중에 고구려 땅에 가서 살았다는데, 고구려 영토와 백제 영토가 경계를 마주하게 된 것은 4세기 이후였기 때문입니다. 물론 정말로 개로왕이 도미라는 백성의 아내를 탐하여 그런 참혹한 짓을 했는지 확실히 알 수는 없습니다.

그런데 개로왕 때는 백제의 역사에서 아주 중대한 사건이 벌어졌던 때입니다. 475년, 고구려 장수왕이 쳐들어와 당시 백제의 수도였던 한성이 함락되고 개로왕은 사로잡혀 죽임을 당하였습니다. 수도를 빼앗기고 왕마저 잃어버린 백제인은 남쪽으로 내려가 웅진(지금의 공주) 땅에서 새로 나라를 일으켰습니다. 백제인에게 개로왕은 수도를 빼앗긴 못난 왕이었던 것입니다.

아차산에서 내려다본 서울
아차산에서는 백제의 중심지였던 현재의 송파구와 강남구, 한강 유역이 훤히 내려다보인다. 개로왕은 아차산에 주둔하고 있던 고구려군에 힘없이 한성을 빼앗겼다.

한성이 함락된 것은 왕이 백성들에게 믿음과 희망을 주지 못했기 때문입니다. 고구려군에 의해 한성이 함락되기 전에 개로왕이 자신의 잘못을 후회하며 "백성은 쇠잔하고 군대는 약하니, 비록 위급한 일이 있어도 누가 나를 위하여 기꺼이 싸우려 하겠는가." 하고 탄식했다고 『삼국사기』에 나옵니다. 이렇듯 개로왕이 백성의 지지를 받지 못하였으므로 나라도 외적의 침입에 힘없이 무너져 내렸던 것입니다. 또 개로왕은 살아생전에 왕궁을 화려하게 짓느라 백성들을 고통스럽게 하였다고 합니다. 그러므로 「도미의 아내」는 나라를 위기에 빠뜨린 개로왕의 잘못을 경계하기 위해 만든 이야기라고 할 수 있습니다.

무령왕릉에서 출토된 왕의 관 꾸미개
웅진의 화려하고 세련된 문화를 느낄 수 있다.

그러나 한강 유역을 고구려에 빼앗겼다고 해서 백제가 멸망한 것은 아닙니다. 백제는 수도를 웅진으로 옮겨 화려하고 세련된 문화를 꽃피웠습니다. 웅진 시대 백제 문화는 무령왕릉을 보면 잘 알 수 있습니다. 무덤을 짓는 데 사용한 아름다운 벽돌과 다양한 유물들을 통하여 중국 문화의 영향을 받으면서 이룩한 백제 문화의 화려함을 느낄 수 있지요.

「설씨녀」와 신라의 군역

사량부 소년 가실은 대단히 가난하나 마음가짐이 곧은 남자였다. 일찍이 설씨녀를 좋아하였으나 감히 말을 하지 못하다가, 아버지가 늙은 나이에 군대에 나가야 함을 설씨녀가 걱정하고 있다는 소식을 듣고 드디어 설씨녀에게 청하여 말하였다.
"저는 비록 나약한 사람이지만 일찍이 뜻과 기개를 자부하였습니다. 원컨대 이 몸으로 아버지의 일을 대신 하게 하여 주시오!"

역경을 이겨 내고 결혼한 남녀 이야기

「설씨녀」는 삼국 시대 남녀의 사랑 이야기입니다. 설씨녀(薛氏女)는 '설씨(薛氏) 집안의 딸[女]'이라는 뜻으로, 이 이야기의 주인공입니다. 설씨녀와 가실은 사랑의 인연을 이룰 수 있을까요? 이 이야기의 줄거리는 다음과 같습니다.

설씨녀는 경주 율리 평민 집의 여자이다. 가난한 집안의 여자였으나 용모가 단정하고 뜻과 행실을 바로 하여, 보는 사람마다 그 고움을 흠모하였으나 감히 가까이하지 못하였다. 진평왕 때 설씨녀의 아버지는 나이가 많았으나 국방을 지키는 당번을 가야 하였다. 설씨녀는 병으로 쇠약한 아버지를 멀리 보낼 수 없었고, 자신은 여자라서 아버지 대신 갈 수도 없었으므로 근심하고 괴로워하였다.

사량부 소년 가실은 집이 대단히 가난하였으나 마음가짐이 곧은 남자였다. 일찍부터 설씨녀를 좋아하였으나 말을 하지 못하다가, 설씨녀의 고민을 듣고 아버지 대신 군역을 가겠다고 하였다. 설씨녀의 아버지는 고마워하며 딸을 주겠다고 하였다. 가실이 기뻐하며 혼인날을 청하니 설씨녀가 말하기를, 혼인은 인간의 큰일인데 갑작스럽게 할 수는 없으니 가실이 군대에서 돌아온 후에 날을 잡아 예를 올리자고 하였다. 그리고 자신의 마음은 죽어도 변함이 없을 것이라며 거울을 둘로 쪼개어 한 쪽씩 나누어 가졌다. 가실은 설씨녀에게 좋은 말 한 필을 주고 떠났다.

마침 나라에 변고가 있어 가실은 6년이 지나도록 돌아오지 못하였다. 설씨녀의 아버지는 3년을 기약했으나 그 기한이 넘었으니 설씨녀를 다른 집에 시집보내려 하였다. 설씨녀는 가실과의 약속을 저버릴 수 없다고 하였다.

그러나 설씨녀의 아버지는 동네 사람과 몰래 혼인을 약속하였다. 결혼 날이 되자 그 사람을 끌어들이니 설씨녀가 몰래 도망치려 하였으나 뜻을 이루지 못하였다. 마구간에 가서 가실이 남겨 두고 간 말을 쳐다보면서 크게 탄식하고 눈물을 흘리고 있는데, 가실이 돌아왔다. 그러나 가실은 마른나무처럼 야위고 옷이 남루하여 집안사람들도 알아보지 못하고 다른 사람이라고 하였다. 가실이 앞에 나아가 깨진 거울 한 쪽을 던지니 설씨녀가 이를 주워 들고 흐느껴 울었다. 설씨녀와 가실은 결혼하여 해로하였다.

설씨녀와 가실은 어려움을 극복하고 사랑의 인연을 이루었습니다. 장애나 수난을 물리치고 사랑을 이룬 남녀의 이야기는 동서고금을 막론하고 수많은 문학 작품의 소재가 되어 왔습니다. 무시무시한 괴물을 물리치고 공주를 차지한 영웅처럼, 장애나 수난을 물리치고 사랑을 이룬 연인들의 이야기는 많은 사람들에게 위안을 주었기 때문입니다.

군역이 무거웠던 신라 남자들

사랑을 방해하는 장애나 수난에는 여러 종류가 있을 수 있습니다. 영국의 유명한 작가 셰익스피어가 쓴 『로미오와 줄리엣』에서는 집안 사이의 원한이 장애였습니다. 앞에서 본 「도미의 아내」는 왕이라는 권력자의 욕심과 횡포가 장애였습니다. 이 외에도 세계 각국의 연애 이야기 속 연인들은 신분의 차이 때문에, 가난 때문에, 제삼자의 모략 때문에 수난을 겪습니다.

연인의 수난을 가져온 장애 요인에서 그 사회의 문제점을 읽을 수도 있습니다. 사람과 사람 사이의 관계를 억압하고 뒤틀리게 하는 어떤 요인은 개인의 문제에서 나오기도 하지만 사회 문제에서 나오는 것도 많기 때문입니다. 따라서 연애 이야기를 다룬 문학 작품에서 심각한 사회 문제를 끌어내어 이야기할 수 있는 것입니다.

설씨녀와 가실의 사랑을 시작하게도 하고 방해하기도 한 것은 나라에서 부여한 군대의 의무였습니다. 어느 날 설씨녀의 아버지가 국경 지역을 지키러 가라는 나라의 명령을 받았습니다. 설씨녀는 늙고 병든 아버지가 걱정되어 어찌할 바를 몰랐습니다. 평소 설씨녀를 흠모하던 가실이 이 소식을 듣고 설씨녀의 집에 찾아가 자신이 그 일을 대신 하겠다고 하였습니다. 그리고 가실과 설씨녀는 그 일이 끝나면 혼인하기로 약속하였습니다. 그런데 가실은 약속한 3년이 지나도 집으로 돌아오지 못하고 계속 군대에 있게 되었습니다. 설씨녀의 아버지는 약속 기간이 지나 6년

신라의 활 쏘는 남자 사람은 단순하게 만들었으나 화살통과 활은 사실적으로 표현했다. 군역으로 전쟁터에 나가 활을 쏘던 신라 남자들의 모습을 보는 것 같다. ⓒ 국립경주박물관 소장

이 되어도 가실이 돌아오지 않자 설씨녀를 다른 남자와 혼인시키려 하였습니다. 그러면 가실의 정성에도 불구하고 설씨녀와의 사랑은 맺어지지 못하게 되는 것입니다.

　나라는 일정한 지역에 많은 사람들이 모여 살면서 외적의 침입을 물리치고 그 안에서 먹고사는 것을 잘 해결하기 위해 만들어진 조직입니다. 외적의 침입을 막기 위해서는 방위 시설도 필요하고 군대도 필요합니다. 또 사람들이 바라는 것을 잘 조절하여 사회를 유지하는 데에도 그러한 일을 처리할 사람들이나 관청이 필요합니다. 성곽을 만들고, 군인들과 관리들에게 봉급을 주고, 관청도 지으려면 비용이 많이 필요합니다. 그래서 나라에서는 세금을 거두는 것입니다. 옛날에는 백성들이 직접 생산한 농작물이나 옷감 등으로 세금을 내었고, 또 정해진 기간 동안 공동으로 노동을 한다든지 군대에 가기도 하였습니다. 즉 생산물이나 노동력으로 세금을 내었던 것이지요.

명활산성
성을 쌓는 일은 나라의 중요한 사업 중 하나로 백성들의 노동력을 동원하여 쌓았다.

설씨녀 이야기를 통하여 볼 때 신라의 남자들은 아마도 3년 동안 변경 지역을 수비해야 하는 군대의 의무가 있었던 것 같습니다. 그런데 가실은 약속된 3년을 넘기고 6년이 지나도록 돌아오지 못하였다고 합니다. 이때가 진평왕(재위 579~632) 때라고 하였습니다. 6세기 말에서 7세기 전반에 이르는 이때는 삼국 간의 전쟁이 한창 치열한 때였습니다. 계속되는 전쟁으로 군대에 갈 청년들이 부족하였을 것입니다. 그래서 설씨녀 아버지처럼 나이 든 노인도 군인으로 뽑혀 가는 일이 자주 있었고, 군인으로 동원된 남자들이 원래 기한인 3년을 훌쩍 넘겨 계속해서 군대에 머무는 일도 자주 일어났던 것 같습니다. 당시의 이러한 사회 문제가 바로 설씨녀와 가실의 사랑을 방해하는 장애 요인으로 작용하였던 것이지요.

   장애 요인으로 말미암아 두 사람이 좌절하고 말았다면 사람들에게 그리 감동을 주지 못하였겠지요? 두 사람은 굳은 믿음과 사랑으로 6년이라는 긴 세월을 이겨 내고, 또 아버지의 강요도 물리치고 결국 행복을 얻었습니다. 나라의 횡포나 아버지의 강요라는 장애를 극복하고 행복을 차지한 두 사람의 이야기는 비슷한 횡포나 강요로 고통받던 사람들에게 위안을 주었던 것입니다.

「온달 이야기」와 고구려인의 신분 상승

공주는 보물 팔찌 수십 개를 가지고 궁궐을 나와 혼자 길을 가다가, 한 사람을 만나 온달의 집을 물어 그 집에 이르렀다. 눈이 먼 늙은 어머니가 혼자 있는 것을 보고 가까이 가서 절하고 온달이 있는 곳을 물으니, 늙은 어머니가 대답하였다.

"우리 아들은 가난하고 추하여 귀한 사람이 가까이할 인물이 못 되오. 그대의 냄새를 맡으니 향기가 좋고 손을 만지니 부드럽기가 풀솜과 같으니 아주 귀한 사람이구려. 누구의 속임수로 여기에 오게 되었소? 내 자식은 굶주림을 참지 못하여 산으로 느릅나무 껍질을 벗기러 간 지 오래되었는데 아직 돌아오지 않았소."

신분을 뛰어넘은 사랑 이야기

「온달 이야기」는 널리 알려진 이야기입니다. 공주가 바보와 결혼하여 남편을 영웅으로 만드는 이야기지요. 이야기의 줄거리를 살펴볼까요?

온달은 고구려 평강왕 때의 사람이다. 얼굴이 못생겨 남의 웃음거리가 되었지만 마음씨는 좋았다. 집이 매우 가난하여 밥을 빌어다 어머니를 봉양하였는데, 떨어진 옷을 입고 해진 신을 신고 저잣거리를 왕래하니 사람들이 '바보 온달'이라 불렀다.

평강왕의 어린 딸이 울기를 잘하므로 왕이 놀리기를, 항상 울어서 대장부의 아내가 될 수 없으니 바보 온달에게나 시집보내야겠다고 하였다. 공주의 나이 열여섯 살이 되어 왕이 딸을 높은 집안의 사람에게 시집보내려 하였다. 공주는 왕이 항상 온달의 아내가 될 것이라 하더니 이제 와서 다른 말을 하므로 아버지의 말을 따를 수 없다고 말하였다.

왕은 화가 나서 딸을 궁궐에서 내쫓았다. 공주는 보물 팔찌 수십 개를 가지고 궁궐을 나와 온달의 집을 물어 찾아갔다. 눈이 멀고 늙은 온달의 어머니는, 온달이 굶주림을 참지 못하여 산으로 느릅나무 껍질을 벗기러 갔다고 하였다.

공주는 산으로 온달을 찾아가 혼인하자고 하였다. 온달은 가까이 오지 말라며 돌아보지도 않고 집으로 갔다. 온달과 그 어머니가 집으로 들이지 않아 공주는 집 밖 사립문 아래서 자고, 이튿날 다시 자신의 이야기를 상세히 말하였다.

공주는 차고 온 금팔찌를 팔아 땅과 집, 가축과 살림살이를 샀다. 처음 말을 살 때에 공주는 온달에게 시장 사람들의 말은 사지 말고 꼭 국가의 말을 사되 병들고 파리해서 내다 파는 것을 사 오라고 하였다. 온달이 그 말대로 하였는데, 공주가 부지런히 먹여 말이 날마다 살찌고 건장하여졌다.

고구려에서는 항상 봄철 3월 3일이면 낙랑의 언덕에 모여 사냥을 하고, 그 날 잡은 산돼지와 사슴으로 하늘과 산천의 신에게 제사를 지냈다. 3월 3일이 되어 왕과 여러 신하들과 병사들이 모두 낙랑 언덕으로 나가 사냥하였다. 온달도 기른 말을 타고 따라갔는데, 말 달리는 모습이 남들보다 뛰어나고 사냥도 가장 많이 하였다. 왕이 불러 그 이름을 물어보고 놀랐다. 이때 중국 후주의 무제가 쳐들어와 전쟁을 하게 되었는데, 온달이 선봉장이 되어 큰 공을 세웠다. 왕은 온달이 자신의 사위임을 알리고 큰 벼슬을 주었다.

영양왕 때 온달은 신라군과 싸우다 화살에 맞아 죽었다. 온달의 장사를 치르려 하는데 그 상여가 움직이지 아니하였다. 공주가 와서 관을 어루만지면서 말하기를 "죽고 사는 것이 이미 결정되었으니, 돌아가십시오."라 하니 상여가 움직였다.

무예 실력으로 신분을 높인 고구려 남자들

「온달 이야기」는 고귀한 신분의 여자가 천한 신분의 가난한 남자와 결혼하여 남자를 귀하게 하고 잘 살았다는 이야기입니다. 『삼국유사』에 마 캐는 아이가 신라의 선화 공주와 결혼하여 백제의 무왕(재위 600~641)이 되었다는 이야기가 있지요. 사람을 평가할 때 타고난 신분을 따지고, 그에 따라 같은 신분 사람들끼리 결혼을 하던 옛날에 이러한 일이 과연 있었을까요? 아주 없지는 않았을 겁니다. 그러나 「온달 이야기」처럼 왕의 딸이 가난한 바보에게 시집가는 일은 거의 없었다고 하여야 할 것입니다.

그러면 이 이야기는 어떻게 이해해야 할까요? 먼저 재미있는 이야기 자체로 이해하는 방법이 있습니다. 이야기는 현실에서 불가능한 일도 가능한 일처럼 꾸며서 듣는 사람으로 하여금 실제 있었던 일처럼 느끼게 하고 사람들에게 위안을 줍니다. 가까운 사람의 죽음으로 마음이 아픈 사람들에게 저승에서 행복하게 사는 죽은 자들의 이야기는 위안을 줄 수 있겠지요? 부정부패를 일삼는 관리들 때문에 고통받는 힘없는 사람들에게 '변 사또가 암행어사에게 잡혀가는 이야기'는 통쾌하겠지요? 그리고 신분 간의 차별 때문에 혼인에 이를 수 없는 연인들에게 신분을 뛰어넘는 사랑은 희망을 갖게 하고, 아무리 힘들게 일해도 평생 가난에서 벗어나지 못하는 사람들에게 어디선가 큰 보물을 얻어 부자가 된다는 이야기는 잠시나마 가난의 고통을 잊게 해 주었을 것입니다. 그래서인지 「온달 이야기」와 같은 종류의 이야기는 우리나라뿐 아니라 전 세계에 많이 전해지고 있습니다. 우리나라 여러 지역에 이런 이야기가 전해 내려오고 있습니다.

어떤 부자가 아들 없이 딸 셋을 데리고 살았다. 하루는 부자가 딸들에게 "누구 복으로 살지?"라고 묻자 첫째 딸과 둘째 딸은 아버지 복으로 산다고 대답하였다. 그러나 제일 예뻐하던 막내딸은 자기 복에 산다고 대답하였다. 화가 난 부자는 그 딸을 숯구이 총각에게 주었다. 어느 날 막내딸이 숯구이 총각 집 아궁이에 황금이 있는 것을 발견하였다. 막내딸은 이를 숯구이 총각에게 팔게 하여 부자가 되었다. 그리고 숯구이 총각을 공부시켜 선비로 만들었다. 그런데 막내딸의 친정집은 쫄딱 망해서 거지가 되었다. 막내딸은 자기를 내쫓았던 부모까지 모시고 오래도록 행복하게 살았다.

부모가 누구냐에 따라 신분이 결정되고, 부자인가 가난한가가 가려지던 옛날에 스스로의 지혜와 노력으로 운명을 개척한다는 것은 불가능한 일이었을지도 모르지요. 하지만 바로 그렇기 때문에 더욱 매력 있는 이야기였을 것입니다. 이런 이야기를 통해 사람들은 꿈을 가지거나 잠시 동안 위로를 받을 수 있었을 테니까요.

그런데 「온달 이야기」는 상상 속에서 지어진 이야기는 아닌 것 같습니다. 실제로 존재하였던 인물들과 역사적 사건들이 이야기 속에 들어 있거든요. 온달과 평강 공주의 결혼 이야기와 성공 과정은 그야말로 꾸며 낸 이야기 같지만, 이후 온달의 자취는 매우 사실적입니다. 온달은 평원왕(재위 559~590) 때 뛰어난 무예로 출세하여 중국 북주의 침입 때 큰 공을 세워 벼슬을 받습니다. 그리고 영양왕(재위 590~618) 때, 신라에 빼앗긴 한강 유역의 땅을 회복하려는 싸움에 나갔다가 전사하였다고 합니다.

실제 온달이라는 사람이 없었다 해도 당시 고구려의 상황에서 그런 인물

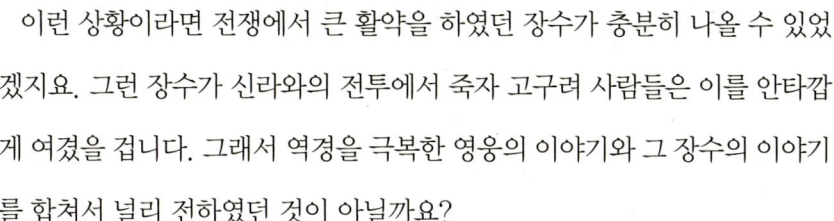

사냥(무용총 벽화) 고구려에서 사냥은 군사 훈련이자 전 국민의 인기 운동이었다. 사냥 대회는 아주 중요한 행사로서, 온달은 왕이 참관하는 사냥 대회에서 크게 활약하여 장교로 뽑혔다.

이 있었으리라는 것은 충분히 생각할 수 있습니다. 온달이 활동하였다는 6세기 중반의 고구려는 남쪽 국경과 북쪽 국경에 위험이 도사리고 있었습니다. 북쪽의 북주나 돌궐, 남쪽의 신라가 그 위험 요소였답니다.

이런 상황이라면 전쟁에서 큰 활약을 하였던 장수가 충분히 나올 수 있었겠지요. 그런 장수가 신라와의 전투에서 죽자 고구려 사람들은 이를 안타깝게 여겼을 겁니다. 그래서 역경을 극복한 영웅의 이야기와 그 장수의 이야기를 합쳐서 널리 전하였던 것이 아닐까요?

온달이 아주 가난한 평민 출신은 아니었을 것입니다. 당시에 아주 가난한 평민 출신이 공주와 결혼할 수는 없었기 때문이지요. 아마도 온달은 공주와 결혼하기에는 신분이 낮은 하급 귀족 출신이었을 것입니다. 그러나 뛰어난 무예 실력으로 이름을 날리고 전쟁에서 공을 세워 왕실의 신망을 얻고, 이로 말미암아 공주와 결혼할 수 있게 된 것이 아닌가 생각됩니다. 당시에는 이 둘의 결혼이 파격적이었겠지요. 그래서 울보 공주와 바보 온달의 결합으로 이야기되었을지도 모릅니다. 이렇게 역사적 인물이 이야기 주인공이 되기도 하고, 상상의 이야기가 역사적 사건과 합쳐지기도 하였습니다. 우리는 이런 이야기를 통해 이야기 속에 숨어 있는 역사를 읽어 낼 수 있습니다.

「여수장우중문시」와 강한 나라 고구려

神策究天文	신통한 계책은 천문을 헤아리며
妙算窮地理	기묘한 꾀는 지리를 꿰뚫었구나.
戰勝功旣高	싸워서 이긴 공이 이미 높으니
知足願云止	만족함을 알아서 그만두기를 바라노라.

적장에게 보내는 명시

「여수장우중문시」는 고구려 영양왕(재위 590~618) 때 고구려의 장수 을지문덕이 수나라 장군 우중문에게 지어 보낸 한문으로 된 시입니다. 「여수장우중문시(與隋將于仲文詩)」에서 여(與)는 '~에게 준다'는 뜻이므로, 이 시는 '수(隋)나라 장수 우중문(于仲文)에게 준 시(詩)'라는 뜻입니다.

612년, 수나라 우중문과 우문술은 30만 부대를 이끌고 고구려 수도를 향해 쳐들어왔습니다. 고구려군의 대장인 을지문덕은 일부러 수나라 군대와 싸울 때마다 패하여 후퇴하는 척하며 수도인 평양성 가까이까지 적군을 불러들였습니다. 수나라 군대는 승승장구하며 고구려 수도 근처까지 오긴 하였으나, 그 과정에서 힘을 많이 빼앗겨 지쳐 있었고 군인들이 먹을 식량도 없었습니다. 수나라군은 싸울 의지를 잃어버리고 후퇴의 구실을 찾았습니다.

이때 을지문덕이 수나라 장수 우중문에게 「여수장우중문시」를 보낸 것입니다. 그렇다면 이 시는 겉으로는 상대방을 칭찬하는 것 같지만 속으로는 비웃고 있는 것임을 알아차릴 수 있겠지요? 그러면서 안심하고 그만 돌아가라고 타이르고 있습니다. 게다가 고구려는 이후 고구려 영양왕이 수 양제를 찾아뵙고 항복하겠다고 안심시켜 수나라 군대가 물러날 수 있는 구실을 만들어 주었습니다. 지칠 대로 지친 수나라 군대는 고구려의 약속을 믿는 척하며 물러났습니다. 그러나 애초부터 을지문덕은 물러나는 수나라 군대를 그대로 둘 작정이 아니었습니다. 을지문덕이 이끄는 고구려 군대는 살수(지금의 청천강)를 건너는 수나라 군대를 공격해 불과 2,700명 정도의 수나라 군사만이 살아 돌아가게 하는 큰 승리를 거두었습니다. 이렇게 해서 수나라 군대는 고구려 땅에서 물러나게 되었습니다.

통일 제국 수나라를 멸망케 한 고구려

여러분은 고구려가 아주 크고 강한 나라였다고 알고 있지요? 예, 그렇습니다. 5세기 무렵 고구려는 동북아시아에서 가장 힘이 센 나라였습니다. 이 때가 광개토 대왕과 장수왕 때였지요. 고구려가 만주와 한반도에서 강한 힘을 발휘할 수 있었던 것은 단지 고구려가 무지무지하게 강하였기 때문만은 아니었습니다. 당시 중국을 비롯한 동아시아의 국제 관계가 만들어 낸 것이기도 했습니다.

4세기 이래 북방 이민족의 침략과 함께 분열과 혼란을 거듭하던 중국은 5세기에 선비족이 세운 북위가 북중국을 통일함으로써 어느 정도 안정을 찾았습니다. 그래서 남중국에는 중국 한족의 국가가, 북중국에는 북위가 자리를 잡았습니다. 여기에 중국의 북방 몽골 고원에서는 유연이, 동북방에서는 고구려가 세력을 잡고 있었습니다. 이 국가들은 각 지역에서 힘을 떨치며 세력 균형 관계를 유지하였습니다. 이러한 관계에서 어느 하나가 특별히 힘이 강하거나 무모하지 않은 이상, 세력 균형 관계를 깨뜨리고 다른 나라를 정벌하는 것은 쉬운 일이 아니었겠지요. 그래서 남중국과 북중국, 유연, 고구려는 서로 상대방의 세력권을 인정하지 않을 수 없었습니다. 이

수나라 시대의 동북아시아 진나라 멸망 후 중국은 여러 나라로 분열되어 혼란을 거듭하다가 북중국은 북위가, 남중국은 송나라가 통일하였다. 그 후 수나라가 전 중국을 통일하면서 동북아시아의 판도가 달라졌다.

러한 가운데 고구려는 만주와 한반도 일대에서 가장 강한 나라로서 군림하였던 것입니다.

　이러한 균형은 수나라가 589년에 전 중국을 통일하면서 깨졌습니다. 전 중국을 차지한 수나라는 자신감에 가득 찼습니다. 그래서 옛날부터 중국을 괴롭혀 온 주변의 다른 민족과 국가들을 위협했습니다. 그중의 하나가 바로 고구려였습니다. 수나라는 고구려가 동북아시아 일대에서 큰 힘을 차지하고 중국을 위협하는 것을 더 이상 지켜보지 않았습니다. 그동안 동북아시아 일

대행렬(안악 3호분 벽화) 도끼를 멘 부월수 부대, 활을 멘 궁수 부대, 둥근고리큰칼을 쓰는 도수 부대, 말과 사람 모두 갑옷과 투구로 무장한 창수철기대의 모습을 볼 수 있다.

대에서 가장 강한 나라로 군림하였던 고구려는 수나라의 이러한 야욕에 가만히 앉아서 당할 수 없었습니다. 수나라와 고구려의 전쟁은 598년 고구려의 선제공격으로 시작되었습니다. 그러자 수나라 문제가 곧 30만 대군을 이끌고 쳐들어왔습니다만, 고구려군의 반격으로 물러났습니다.

수나라는 다시 고구려 정벌을 준비하여 612년에 양제가 육군 113만과 해군 4만을 직접 이끌고 대규모 침공을 감행하였습니다. 그러나 고구려군의 강한 저항으로 진격하는 것이 쉽지 않았습니다. 양제는 우중문과 우문술이 이끄는 30만 부대를 따로 보내 고구려 수도를 직접 공격하도록 했습니다.

이때 바로 을지문덕이 활약했습니다. 을지문덕은 뛰어난 전략으로 수나라 군대를 물리쳤습니다. 그러나 수나라는 다음 해인 613년에 다시 고구려를 침략했습니다. 이때도 고구려의 강력한 저항과 수나라 군대 내부의 문제로 성공하지 못했습니다. 다음 해인 614년에도, 또 그다음 해인 615년에도 수나라 양제는 고구려 원정을 하려 했지만, 뜻을 이루지 못하였습니다. 결국 고구려 원정에 따른 막대한 피해로 말미암아 수나라는 곧 멸망하고 말았습니다.

수나라를 이은 당나라 역시 고구려가 중국에 위협이 되는 것을 보고만 있을 수 없었습니다. 당나라도 수나라와 마찬가지로 여러 차례 군대를 보내어 고구려 정벌을 시도하였습니다. 그러나 번번이 고구려의 강력한 저항에 부딪혀 성공하지 못하였습니다. 결국 당나라는 신라와 손을 잡고 고구려 지배층의 내분을 틈타 공격을 감행함으로써 겨우 고구려를 멸망시킬 수 있었습니다.

을지문덕의 시에서 중국이 두려워했던 고구려의 힘이 느껴지지 않나요? 상대방을 칭찬하는 것 같지만, 오히려 상대방의 허세를 비웃으며 내가 한 수 위에 있다고 은근히 자부심을 내세우는 듯한 태도 말입니다. 이러한 시를 지어 막강한 수나라 장수에게 보내었던 을지문덕의 모습을 한번 상상해 봅시다. 높게 쌓은 성 위에 올라 자신감으로 드넓은 벌판을 바라보는 그 당당한 모습을 말이지요.

그런데 이러한 고구려도 결국은 멸망하고 말았습니다. 이렇게 역사는 계속해서 변합니다. 지금 가지고 있는 힘이 영원히 계속되지는 않습니다. 그렇다면 그 힘을 어떻게 쓸 것인가를 진지하게 생각하게 됩니다.

「구토지설」과 삼국 통일

거북은 토끼를 등에 업고 헤엄쳐 2~3리쯤 가다가, 토끼를 돌아보며 말하였다.
"지금 용왕의 딸이 병이 들었는데, 모름지기 토끼 간이 약이 된다고 하기에 수고로움을 꺼리지 않고 너를 업고 오는 것이다."
토끼가 대답하였다.
"허허! 나는 신명(神明)의 후예라, 능히 오장(五臟)을 꺼내어 씻어 넣을 수 있다. 일전에 속이 좀 불편하여 간과 심장을 꺼내 씻어서 잠시 바위 밑에 두었는데, 너의 달콤한 말을 듣고 곧바로 오느라 간이 아직도 그곳에 있으니 되돌아가서 간을 가져와야겠다."

기지를 발휘한 토끼 이야기

「구토지설」은 어릴 때부터 많이 들어서 잘 알고 있는 이야기지요? 「구토지설(龜兎之說)」의 구(龜)는 '거북이', 토(兎)는 '토끼', 지(之)는 '~의', 설(說)은 '이야기'라는 뜻으로 '거북이와 토끼의 이야기'라는 뜻입니다. 이야기의 줄거리를 다시 볼까요?

옛날에 동해 용왕의 딸이 심장병을 앓았는데, 의원이 토끼 간을 얻어 약을 지으면 고칠 수 있다고 하였다. 그러자 거북이 한 마리가 용왕에게 토끼 간을 얻어 오겠다고 했다. 거북은 육지로 나와서, 바다 가운데에 아무 근심 없이 살 수 있는 섬이 있다며 토끼를 꾀었다. 그리고 토끼를 등에 업고 헤엄쳐 가다가 토끼에게, 지금 용왕의 딸이 병이 들었는데 토끼 간이 약이 된다고 하여 가는 것이라고 하였다.
그러자 토끼는 간과 심장을 꺼내 씻어서 바위 밑에 두었는데 곧바로 오느라 가져오지 않았다며, 자신은 간이 없어도 살 수 있으니 가서 가져오자고 하였다. 거북이 그 말을 믿고 되돌아가 해안에 오르자, 토끼는 풀 속으로 도망치며 간 없이 사는 자가 어디 있느냐고 하였다. 거북은 아무 말도 하지 못하고 물러갔다.

「구토지설」은 원래 인도에서 전해지던 이야기였습니다. 불교와 함께 중국에 들어와 우리나라에도 전하여졌지요. 인도의 설화 문학책 『판차탄트라』라는 책에 다음과 같은 이야기가 실려 있습니다.

    어느 바닷가 나무 위에 원숭이가 살고 있었다. 원숭이는 바다에 사는 악어와 매우 친하게 지냈다. 어느 날 악어는 원숭이가 준 과실을 아내에게 갖다 주었다. 아내 악어는 맛있게 먹고 나서 그렇게 맛있는 과실을 먹고 사는 원숭이의 심장을 먹고 싶다고 남편을 졸랐다. 악어는 처음에는 안 된다고 하였으나, 아내가 앞으로 아무것도 먹지 않겠다고 떼를 쓰자 하는 수 없이 원숭이에게 자기 집에 가자고 하였다. 원숭이는 육지에 사는 몸으로 바닷속에 갈 수 없다고 하였다. 악어는 자기 집은 바다 가운데 모래 위에 있으며 자기가 업고 가겠다고 하였다. 그래서 원숭이는 악어의 등에 업혀 바다에 들어갔다. 도중에 악어가 사실을 이야기하자 원숭이는 곧 꾀를 내어, 심장을 마침 나무 구멍에 넣어 두고 왔으니 다시 육지로 가자고 하였다. 물가에 이른 원숭이는 나무 위로 도망쳐 버렸다.

    등장하는 동물이 토끼와 거북이로 바뀌었을 뿐, 이야기의 구조는 같지요? 이렇게 약한 자의 지혜가 강한 자의 횡포를 이긴다는 이야기는 재미있으면서도 힘을 주는 이야기로 널리 퍼지게 되었습니다. 「구토지설」은 오랫동안 사람들의 입에 오르내리다가 조선 후기에 가서 소설로 쓰이기도 하고 판소리로 불리기도 하였습니다. 「토끼전」, 「별주부전」, 「수궁가」로 불렸던 것들이 그것입니다.

고구려에서 탈출한 김춘추, 통일의 초석을 닦다

이 이야기는 신라의 김춘추(604~661)가 고구려에 갔다가 잡혀서 죽을 지경에 처하였을 때, 어떤 사람이 도망갈 방법을 빗대어 알려 준 것이기도 합니다. 김춘추가 고구려에 갔을 때가 642년이니까 굉장히 오래된 이야기네요.

김춘추가 어떻게 이 이야기를 듣게 되었는지 당시 사정을 알아볼까요? 600년대는 고구려, 백제, 신라 사이에 끊임없이 크고 작은 전쟁이 벌어진 때입니다. 특히 고구려와 백제가 신라를 공격하는 일이 많았습니다. 이렇게 된 데에는 이유가 있었습니다.

561년 신라 진흥왕(재위 540~576) 때, 신라는 백제와 힘을 합해 당시 고구려가 차지하고 있던 한강 주변 지역을 공격하였습니다. 그리하여 백제는 한강 하류 지역을, 신라는 한강 상류 지역을 차지하였어요. 한강 하류 지역은 원래 백제 땅이었는데, 475년 고구려 장수왕에게 빼앗겼습니다. 그러니까 백제는 잃어버렸던 땅을 되찾은 셈이지요. 그런데 2년 뒤인 563년, 신라 진흥왕은 한강 유역의 백제군을 공격해 이 지역마저 차지하고 말았습니다. 함께 고구려를 쳐서 한강 유역의 땅을 각기 차지하자고 했던 약속을 신라가 깨 버린 것입니다. 이에 백제 성왕이 군대를 이끌고 신라를

거북 모양 비석 받침 태종 무열왕, 즉 김춘추의 능 앞에 서 있는 비석의 받침과 머리 장식이다. 중국 당나라의 영향을 받아 받침돌이 거북 모양을 하고 있다.

쳤지만, 성왕마저 전사하고 말았습니다.

　이후 고구려와 백제는 한편이 되어 신라를 계속하여 공격하였습니다. 642년에는 백제군이 대거 신라를 공격하여 신라 서쪽의 성 40여 개를 빼앗았습니다. 이때 대야성(지금의 경상남도 합천)도 함락되었는데, 대야성은 신라가 백제를 방어하는 데 아주 중요한 지점이었습니다. 대야성이 함락되면서 당시 성주이자 김춘추의 사위인 김품석과 그 부인인 김춘추의 딸이 함께 목숨을 잃었습니다. 신라는 나라를 보전하기 위해 무엇이든지 해야 하였습니다. 김춘추는 주변 나라들에 원조를 청하는 수밖에 없다 생각하고 우선은 고구려에 도움을 요청하기로 하였습니다. 그러나 고구려에 가서 도움을 요청하는 일은 목숨을 걸어야 하는 위험한 일이었습니다. 고구려도 신라에 한강 유역의 땅을 빼앗긴 원한이 있었기 때문입니다.

　김춘추는 당시 왕이었던 선덕 여왕(재위 632~647)의 허락을 받아 위험을 무릅쓰고 고구려에 도움을 청하러 갔지만, 예상대로 고구려는 신라가 차지한

신라 문무 대왕릉
문무왕은 삼국 통일을 완성한 왕으로, 문무 대왕릉은 해변에서 200미터 떨어진 바다에 있다. 문무왕은 자신이 죽으면 용이 되어 왜구를 막을 테니 동해에 묻으라고 했다. 죽어서도 신라를 지키겠다는 마음으로 삼국을 통일했을까?

한강 유역의 땅을 돌려줄 것을 요청해 왔습니다. 그러지 않으면 돌아가지 못하고 죽을 것이라고 김춘추를 위협하였습니다. 김춘추는 신하의 입장이므로 결정할 수 없다고 하였습니다. 결국 김춘추는 감금된 채 처형만 기다리는 처지가 되었습니다. 이때 김춘추와 친분이 있던 고구려 사람이 김춘추에게 넌지시 해 준 이야기가 바로 이것이었답니다.

이야기를 듣고 방법을 깨달은 김춘추는 고구려 왕에게 말하였습니다. 자기를 돌려보내 주면 왕을 설득하여 한강 유역의 땅을 돌려주도록 하겠다고. 이리하여 김춘추는 고구려에서 빠져나올 수 있었다고 합니다.

이후 김춘추는 일본에도 가서 도움을 요청하였지만, 백제와 사이가 가까웠던 일본은 들어줄 수가 없었습니다. 결국 김춘추는 당나라로 건너가 당과 군사 동맹을 맺었습니다. 선덕 여왕에 이어 진덕 여왕(재위 647~654)이 죽은 뒤 왕위에 오른 김춘추, 즉 태종 무열왕(재위 654~661)은 당나라와 힘을 합하여 백제를 멸망시켜 삼국 통일의 문을 열었습니다.

4부
신라인의 사랑

통일 신라

「모죽지랑가」·「찬기파랑가」·「헌화가」와 「해가」·「처용가」

668년, 신라는 백제에 이어 고구려까지 무너뜨렸습니다.
그리고 8년 후 당나라를 한반도에서 완전히 몰아내고
삼국 통일을 이루었습니다.
한반도의 가장자리에서 출발하여 가장 늦게 나라의 기틀을 잡은
신라가 통일을 이룩한 데에는 화랑의 힘이 컸습니다.
신라 화랑들의 의리와 신라 사람들의 사랑 이야기를 만나 보세요.

서수형 토기

「모죽지랑가」와 신라의 화랑도

간 봄을 그리워함에
모든 것이 서러워 시름하는구나.
아름다움 나타내신
얼굴이 주름살을 지으려고 하는구나.
눈 돌이킬 사이에
만나 뵈올 기회를 지으리이다.
낭이여, 그리운 마음의 가는 길에
다북쑥 우거진 마을에 잘 밤인들 있으리이까.

간절한 추모의 노래

「모죽지랑가」는 신라의 득오라는 사람이 죽지랑이라는 사람을 찬양하고 사모하는 노래입니다. 「모죽지랑가(慕竹旨郎歌)」에서 모(慕)는 '사모하다', 가(歌)는 '노래'이므로, 모죽지랑가는 '죽지랑을 사모하는 노래'라는 뜻입니다. 득오가 이 노래를 짓게 된 이야기는 다음과 같습니다.

득오는 죽지랑을 매일 모셨는데, 갑자기 열흘 가까이 득오의 모습이 보이지 않았다. 죽지랑이 그 이유를 알아보니, 득오가 익선에게 붙들려 창고지기로 일하면서 농사일도 하느라 보이지 않았다는 것이다. 익선은 득오가 사는 모량리를 다스리는 사람이다. 죽지랑은 득오가 휴가를 얻을 수 있도록 익선에게 부탁을 하였다. 익선은 허락하지 않다가 죽지랑에게 곡식과 여러 선물을 건네받고서야 겨우 허락을 하였다. 득오는 이렇게 은혜를 베풀어 준 죽지랑을 사모하다가, 죽지랑이 죽자 그를 그리며 이 노래를 지었다고 한다.

이 시에서 '간 봄'은 좋았던 시절, 또는 이승에서의 삶을 의미합니다. 득오는 이미 가 버린 봄은 돌이킬 수 없듯이 죽지랑이 죽고 없는 것 또한 돌이킬 수 없어서 시름에 겨워 운다고 하였습니다. 그리고 죽지랑의 살아생전 모습이 자꾸 희미해지니 만나 보고 싶은데, 현실을 떠나 내세로 '눈 돌이킴' 없이는 이룰 수 없다고 안타까워합니다. 죽은 죽지랑을 저승에 가서라도 만나고 싶다는 추모의 정이 애절하게 드러나 있군요.

삼국 통일의 힘, 화랑도

「모죽지랑가」는 대표적인 신라의 향가입니다. 향가는 신라인이 자기 말로 된 노래를 가리키는 말입니다. 신라인들은 자기네 말을 적을 문자가 없었기 때문에, 중국 한자의 음과 뜻을 빌려서 우리말을 적는 방법인 '향찰'을 이용하여 노래를 적었습니다. 그런데 향찰은 완전한 우리말 문장을 한자의 음과 뜻을 이용해 적는 것이어서, 그것을 해독하는 것이 쉬운 일은 아닙니다. 향찰로 기록된 향가를 해독하려고 일제 강점기 일본인부터 지금까지 많은 학자들이 연구를 하고 있지만, 향찰을 읽는 방법을 두고 학자들마다 의견 차이가 있어서 앞으로 더 많은 연구가 필요합니다.

향가에는 집단적으로 불린 민요, 개인이 자신의 마음을 드러낸 서정 가요, 천재지변이나 신령을 물리치기 위한 주술적인 노래, 자기가 좋아하던 사람을 그리는 노래, 나라를 다스리는 도리를 밝힌 노래, 불교 신앙을 드러낸 노래 등 다양한 노래들이 있습니다. 고려 때 등장한 속요(俗謠)와 비교할 때 향가에는 감정이나 이상을 더 순수하게 추구하는 자세가 들어 있습니다. 고려 속요가 남녀 간의 사랑과 같은 세속적이며 현실적인 인간 감정을 노래하고 있는 것과 다릅니다. 그래서 신라 사람들은 향가를 숭상하였고, 향가가 천지 신명과 귀신을 움직일 수 있다고 생각하였습니다.

옛날 사람들은 특별한 노래에는 특별한 힘이 있다고 생각하였습니다. 그래서 이상한 일이 생기면 특별한 의미를 가진 노래를 지어 불러 그 이상한 일을 없애려고 노력하였습니다. 화랑의 무리가 경치 좋은 산을 찾아 놀러 가려는데, 하늘에서 이상한 별이 보이자 「혜성가」를 지어 부르니 별이 사라지고 일본 군사가 물러갔다는 기록도 있습니다. 그런가 하면 전염병의 귀신에게 아내를 빼앗긴 처용이 화를 내기는커녕 노래를 부르고 춤을 추니 귀신이 물러갔다는 기록(114쪽 참조)도 전합니다.

신라에는 화랑도(花郞徒)라는 청소년 단체가 있었습니다. 화랑과 낭도로 이루어진 조직으로, 화랑은 진골(160쪽 참조) 귀족 출신의 청년만 맡을 수 있었고 수백에서 수천의 낭도를 거느렸습니다. 화랑들은 평소에는 산천을 돌아다니며 무술과 도의를 닦고, 전쟁이 나면 바로 군사 조직이 되었습니다. 능력 있는 사람은 벼슬을 받아 관리가 되기도 하였지요. 화랑도는 신라의 삼국 통일에 크게 기여한 제도입니다.

죽지랑도 진평왕 때 화랑으로 활약하였습니다. 뒤에 김유신(595~673)을 도와 삼국 통일에 공을 세웠고, 이름난 장군이자 관리가 되었습니다. 득오는 죽지랑이 화랑일 때 죽지랑의 낭도 노릇을 하였습니다.

화랑도로 묶인 사람들의 관계는 특별하였던 것 같습니다. 화랑이었던 사다함과 무관랑은 죽을 때까지 우정을 지킬 것을 약속했는데, 무관랑이 병으로 먼저 죽자 사다함도 통곡하다 곧 병으로 죽었다고 합니다. 득오도 먼저 죽은 죽지랑을 애절하게 추모하고 있습니다. 화랑도 성원들 사이에는 우정에 대한 굳은 약속이 있었던 듯합니다.

임신서기석
경주 석장동에서 발견되었다. 화랑들의 인격 도야와 공부에 관한 맹세가 새겨져 있다.
ⓒ 국립경주박물관 소장

「찬기파랑가」와 신라의 왕권 다툼

열치며
나타난 달이
흰 구름 따라 떠가는 것 아닌가.
새파란 냇가에
기파랑의 모습이 있어라.
이로부터 냇가 조약돌에
낭의 지니시던
마음의 끝을 따르련다.
아아, 잣나무 가지 높아
서리 모르실 화랑이시여.

화랑의 높은 인격을 노래한 향가

「찬기파랑가(讚耆婆郎歌)」는 「모죽지랑가」와 같이 화랑을 추모하여 부른 향가입니다. 찬(讚)은 '기린다', 기파랑(耆婆郎)은 화랑의 이름, 가(歌)는 '노래'의 뜻이므로, 찬기파랑가는 '기파랑을 기리는 노래'라는 뜻입니다.

이 노래는 신라 경덕왕(재위 742~765) 때 충담사라는 승려가 지었다고 합니다. 충담사에 대해서는 『삼국유사』에 다음과 같은 이야기가 전하고 있습니다.

765년(경덕왕 24년) 3월 3일에 경덕왕이 신하들과 함께 궁궐 문의 누각 위에 나가서 위엄 있고 뜻이 높은 승려를 찾았다. 어떤 신하가 모습이 깨끗한 승려를 데리고 왔지만, 왕은 자기가 찾는 그런 승려가 아니라고 하였다. 이때 어떤 승려 한 사람이 삼태기를 걸머지고 지나가니 왕이 기뻐하며 그 승려를 누각 위로 올라오게 하였다. 그 승려가 바로 충담사였다. 왕은 충담사가 지은 기파랑을 찬미한 노래가 그 뜻이 매우 높다는 소문을 듣고 있었다. 그래서 충담사에게 자신을 위해 백성을 편안히 다스릴 수 있는 노래를 지어 달라고 부탁하였다. 그래서 충담사는 「안민가」를 지어 바쳤다. 왕은 충담사를 높이 평가하여 왕사(王師, 왕의 스승 노릇을 할 수 있는 승려)로 임명하려고 하였으나 충담사는 사양하며 받지 않았다고 한다.

「찬기파랑가」의 뜻이 높다고 한 것은 기파랑의 높은 인격을 고상하게 잘 표현하였기 때문입니다. 기파랑을 하늘에 높이 뜬 달에 비유하고, 자기는 물에 비친 달의 모습을 사모하여 냇가 조약돌처럼 기파랑이 지니던 마음의 끝이라도 따르고자 한다고 하였습니다. 그리고 기파랑의 정신은 마치 높이 솟은 잣나무 가지와 같은데, 높은 잣나무 가지에 서리가 내려앉을 수 없는 것처럼 기파랑의 높은 정신에는 어떤 시련도 닥칠 수 없다고 하였습니다.

이 노래 외에는 기록이 전혀 없어서 기파랑이 어떤 사람이었는지 알 수 없습니다. 화랑들의 이름에 종종 '랑(郎)'이 붙는다든지, 화랑 집단에 승려들이 참가하기도 하였는데 추모 노래를 지은 이가 승려인 충담사인 점 등으로 보아, 기파랑도 화랑이라고 볼 수 있습니다. 어떤 학자는 기파랑이 불교 경전에 나오는 충신 기파라는 인물을 가리킨다고 보기도 합니다. 이 노래에서는 기파랑이 지닌 높은 인격을 찬양하고 그 인격을 따르고 싶어 합니다.

진골 귀족이 왕위를 잇다

신라는 삼국을 통일한 후 귀족 세력을 누르고 왕의 권한을 강화하면서 국가의 지배 체제를 정비하였습니다. 경덕왕 때도 그러한 정책은 계속되었습니다. 그러나 삼국 통일 이후 근 100년 동안 눌려 지내던 진골 귀족은 서서히 기지개를 켜고 있었습니다. 이는 진골 귀족 세력을 누르기 위해 없앴던 녹읍을 경덕왕 16년(757년)에 되살린 것을 보아도 알 수 있습니다. 녹읍은 중앙의 높은 관리들에게 일정한 지역을 나누어 주고 그곳에서 생산된 물건이나 그곳 백성들을 부릴 수 있게 한 것으로, 진골 귀족의 중요한 경제적 기반이었습니다. 이러한 변화 끝에 경덕왕의 아들 혜공왕(재위 765~780)은 진골 귀족에게 죽임을 당하고, 이후로는 그들 가운데 힘이 센 자가 왕위에 올랐습니다.

경덕왕이 충담사를 찾아간 까닭은 무엇일까요? 충담사의 「찬기파랑가」는 높은 인격을 지닌 과거의 인물을 찬양한 노래입니다. 경덕왕은 이 노래를 통해 지난날이 현재보다 더 좋았음을 확인하고 위안받고 싶었던 것은 아닐까요? 그리고 경덕왕은 충담사에게 「안민가」를 지어 달라고 했습니다.

> 임금은 아비요, 신하는 사랑하시는 어미요,
> 백성은 어리석은 아이라고 하시면, 백성이 사랑하리라.
> 탄식하는 뭇 백성, 이를 먹도록 다스릴지어다.
> 이 땅을 버리고 어디로 갈까 하면, 나라가 지녀지리라.
> 아아, 임금같이, 신하답게, 백성같이 하면 나라가 태평하리라.

경덕왕은 충담사에게 왕사가 되어 달라고 했지만, 충담사는 거절합니다. 충담사는 「찬기파랑가」와 「안민가」 같은 노래에서 과거를 이상화하고 미화했습니다. 현재의 상황이 과거와 달리 나빠지고 있음을 알기에 왕사가 된다는 것은 무모한 짓이라 생각했던 것 같습니다. 그는 과거를 그리는 노래는 지을 수 있지만 현재를 바로잡는 노력에는 주저하는 사람이었는지도 모릅니다.

「헌화가」와 「해가」와 신라의 무당

헌화가

자줏빛 바위 가에
잡고 있는 암소 놓게 하시고,
나를 부끄러워하지 않으시면
꽃을 꺾어 바치오리다.

해가

거북아, 거북아, 수로를 내놓아라.
남의 아내 빼앗았으니 그 죄가 얼마나 큰가.
네가 만일 내어놓지 않는다면
그물로 너를 잡아 구워서 먹겠노라.

수로 부인에게 바치는 노래

　신라 성덕왕(재위 702~737) 때 수로 부인이라는 절세미인이 있었답니다. 수로 부인은 너무나 아름다워 큰 산이나 못 근처를 지날 때면 자주 신령들에게 붙들려 가곤 했다고 합니다. 어느 날 수로 부인의 남편인 순정공이 강릉 태수로 임명을 받아 부부가 강릉으로 가는 도중에 일이 생겼습니다. 「헌화가(獻花歌)」와 「해가(海歌)」는 그때 불린 노래입니다. 노래를 부르게 된 사연을 살펴볼까요?

　강릉으로 가던 부부는 바닷가에서 점심을 하게 되었다. 그 근처에 병풍과 같이 둘러쳐진 벼랑이 있었는데, 그 벼랑 위에 철쭉꽃이 예쁘게 피어 있었다. 수로 부인이 그 꽃을 갖고 싶어 했는데, 아무도 그 위험한 벼랑 위로 올라가려고 하지 않았다. 이때 암소를 끌고 그 곁을 지나가던 노인이 벼랑 위로 올라가 그 꽃을 꺾어 바치면서 「헌화가」를 불렀다고 한다.
　계속 길을 가다가 역시 바닷가에서 점심을 먹는데, 바다의 용이 나타나 수로 부인을 끌고 바닷속으로 들어갔다. 남편을 비롯해 모든 사람들이 어찌해야 할지를 모르고 있었다. 이때 어떤 노인이 나타나 "여러 사람의 말이 쇠도 녹인다."며, 사람들을 모아 막대기로 땅을 두드리면서 「해가」를 부르게 했다. 그러자 용이 부인을 돌려보냈다. 부인은 바닷속이 여러 보석으로 꾸민 궁전에 맛있는 음식으로 가득한, 인간 세상과는 다른 곳이었다고 말하였다. 부인의 옷에서도 이상한 향기가 났는데, 세상에서 맡아 보지 못한 것이었다.

무당이 나라의 문제를 해결하다

수로 부인 이야기에 나오는 인물들이 실제 인물인지는 잘 모릅니다. 다른 기록에 의하면 성덕왕 때 김순정이라는 진골 귀족이 있었다고 하는데, 이 김순정이 수로 부인의 남편인 순정공인지는 확실히 알 수 없습니다.

노인이 꽃을 바쳤다는 이야기는 사실일 수도 있습니다. 하지만 용이 나타나 수로 부인을 납치해 갔다는 이야기는 분명 사실이 아니겠지요? 그런데 여기서도 노인이 나타나 수로 부인을 구할 수 있는 방법을 가르쳐 줍니다. 아무래도 수로 부인과 두 노인은 보통 사람들이 아니었을 것 같습니다.

수로 부인은 바닷속에서 돌아와 그곳은 인간 세계와는 다른 세계였다고 하였습니다. 옛날에는 이렇게 인간 세계와 다른 세계를 왔다 갔다 할 수 있는 능력을 가진 사람을 특별하게 여겼고 이런 사람을 무당이라 하였습니다. 수로 부인이 특별히 아름다웠다 하고 자주 신령들에게 붙들려 가곤 했다는 것은 무당으로서 수로 부인을 설명한 것이 아닐까요?

『삼국사기』에 의하면 705년(성덕왕 4)에 동쪽 지역에 굶주림이 심해서 사람들이 도망가는 일이 일어났다고 합니다. 그래서 나라에서는 관리를 파견하여 굶주린 사람들을 도와줬다는 기록이 있습니다. 순정공과 수로 부인은 바로 이때 강릉으로 간 것이 아닐까요? 즉 순정공은 굶주림으로 혼란스러운 지역을 구제하는 임무를 띠고 간 관리이고, 수로 부인은 이를 해결하기 위해 간 무당이라 보는 것입니다. 그렇다면 수로 부인은 굿을 하면서 신령과 접촉하여 문제를 해결하려 했을 것이고, 수로 부인을 도와준 노인은 수로 부인이 만났던 신령들이었을 겁니다.

 옛날에는 원하는 것을 이루기 위해 '거북아, 거북아'로 시작하는 노래를 부르는 일이 자주 있었던 듯합니다. 「구지가」에서 왕을 내어놓으라고 위협한 것처럼 「해가」에서도 수로 부인을 내놓으라고 위협하고 있습니다.

서수형 토기 기다란 주둥이가 있는 속이 빈 용기로, 거북의 몸, 용의 머리와 꼬리 등이 합쳐진 상상의 동물을 표현했다.
ⓒ 국립경주박물관 소장

 이렇게 동물을 위협하여 원하는 바를 이루려는 행위를 '동물 학대 주술'이라고 합니다. 주몽도 흰 사슴을 거꾸로 매달아 놓는 주술로 비류국을 정복했습니다. 중국에서는 비가 오지 않으면 물을 가득 채운 큰 독에 도마뱀을 넣고 소년들로 하여금 막대기로 비가 올 때까지 독을 두드리면서 "도마뱀아! 도마뱀아! 구름을 일으키고 비를 내려라. 만약 비가 충분하게 내린다면, 너를 풀어 주고 돌아가게 하겠다."라는 노래를 부르게 했다고 합니다. 조선에서도 비가 오지 않으면 종종 이러한 도마뱀 주술을 했습니다. 거북이와 용은 모두 물과 관계가 있습니다. 그래서 거북을 용의 자식이라고도 합니다. 아마도 「해가」를 부른 사람들은 용과 밀접한 관련이 있는 거북이를 위협하면 수로 부인을 잡아간 용이 부인을 돌려주리라 생각하였던 듯합니다.

 수로 부인 이야기를 정확히 이해하는 것은 쉽지 않습니다. 아마도 무당이 제사를 드릴 때나 신라인들이 무언가를 이루기 위해 불렀던 노래들을 설명하는 데, 특정 인물이나 사건을 끌어들여 그럴듯하게 꾸민 이야기가 아닐까 생각됩니다.

「처용가」와 기울어 가는 신라

서울 밝은 달에 밤 깊이 노니다가
들어와 잠자리를 보니 가랑이가 넷이도다.
둘은 나의 것이었고 둘은 누구의 것인가.
본디 내 것이지마는 빼앗긴 것을 어찌하리오?

아내의 부정을 보고 지은 노래

「처용가(處容歌)」에서 처용(處容)은 이름입니다. 따라서 처용가는 '처용이 부른 노래', 또는 '처용의 노래'라는 뜻입니다. 그러나 가사만 보아서는 이것이 무슨 노래인지 전혀 알 수 없습니다. 「처용가」가 어떻게 만들어졌는지는 『삼국유사』에 다음과 같이 나와 있습니다.

신라 제49대 왕인 헌강왕이 개운포(開雲浦, 지금의 울산)에 나가 놀다가 물가에서 쉬는데, 갑자기 구름과 안개가 자욱해져 길을 잃었다. 왕이 이상하게 여겨 신하들에게 물으니, 이것은 동해의 용이 일으킨 것이니 마땅히 좋은 일을 해 주어서 풀어야 할 것이라 하였다. 왕은 용을 위해 근처에 절을 세우도록 명하였다. 왕의 명령이 내려지자 구름과 안개가 걷혔으므로, 그곳 이름을 개운포라 하였다. 동해 용이 기뻐하여 아들 일곱을 거느리고 왕의 앞에 나타나 춤추고 음악을 연주하였다. 그 가운데 한 아들이 왕을 따라 서울로 가서 왕의 정사를 도왔는데 그의 이름이 처용이다. 왕은 처용에게 미녀를 아내로 주고 벼슬을 주었다. 그런데 처용의 아내가 무척 아름다웠기 때문에 전염병의 신이 흠모하여 사람의 모습으로 변신해 처용의 아내와 몰래 같이 잤다. 처용이 밖에서 돌아와 잠자리에 두 사람이 있는 것을 보고 「처용가」를 부르며 춤을 추면서 물러났다. 그때 전염병의 신이 모습을 나타내고 처용 앞에 꿇어앉아,

"내가 당신의 아내를 사모하여 지금 같이 잤는데도 당신은 화를 내지 않으

니 감동하였습니다. 지금 이후부터는 당신의 모습을 그린 것만 보아도 그
문에 들어가지 않겠습니다."
라고 하였다. 이로 인하여 나라 사람들은 처용의 모습을 그려 문에 붙여 나
쁜 것을 물리치고 좋은 것을 맞아들였다.

멸망의 기운이 신라를 덮다

처용에 대해서는 여러 해석이 있습니다. 울산 지역에서 행세하던 세력가의 아들로 서울(경주)에 인질로 온 인물이라고 보는 학자도 있습니다. 또 당시 울산항은 해외에서 경주로 들어오는 길목이었는데, 처용은 무역을 하기 위해 울산을 드나들던 이슬람 상인이라고 보는 학자도 있습니다. 처용의 탈을 쓰고 춤을 추는 것이 조선 시대까지 이어졌는데, 처용탈의 모습을 보면 얼굴이 붉고 눈이 움푹 들어갔으며 코가 큰 것이 우리와는 생김새가 다릅니다. 그래서 처용은 당시 무역을 위해 신라에까지 들어왔던 이슬람 상인이라는 추측이 생겼지요.

『악학궤범』의 처용 그림
『악학궤범』은 1493년(조선 성종 24)에 왕명에 의해 편찬된 음악책이다. 「처용가」와 함께 처용 그림이 실려 있다.

또 어떤 학자들은 처용이 나쁜 귀신을 쫓는 힘센 신이거나 그 신을 모시며 노래를 부르고 춤을 추는 무당이었을 것이라고 해석하기도 합니다. 왜냐

하면 『삼국유사』에 처용이 노래를 지어 부르고 춤을 추며 전염병의 신을 물리쳤다는 이야기를 바탕으로, 이후 사람들이 처용의 모습을 문에 그려 붙여 나쁜 것을 들어오지 못하게 하고 좋은 것만 들어오도록 했다는 기록이 있기 때문입니다. 또 고려와 조선 시대에 궁중이나 민가에서는 섣달그믐 날 밤에 악귀를 쫓기 위해 「처용가」를 부르고 처용무를 추었다는 기록들이 있기 때문이기도 합니다.

아마도 이야기 속의 처용은 이러한 여러 사정에 얽힌 인물들 이야기가 섞여 만들어진 것이 아닌가 싶기도 합니다. 그런데 헌강왕(재위 875~885) 때에 있었다는 다른 여러 가지 사건들과 함께 생각해 보면, 처용을 신이나 무당으로 보는 입장이 그럴듯합니다. 그런 입장에서 처용 이야기가 생겨난 배경을 한번 설명해 볼까요?

처용 이야기는 신라 헌강왕 때 이야기라고 합니다. 헌강왕 때는 신라 멸망의 기운이 커져 가고 있던 때입니다. 서울인 경주에서는 왕실과 진골 귀족들의 사치가 점점 심해지고, 권력 싸움도 계속해서 일어났습니다. 헌강왕 때 경주에는 밥 짓는 연기가 올라오지 않았다고 하는데 그것은 귀족들이 비싼 숯을 사용해서 밥을 지었기 때문이라고 합니다.

이렇게 서울의 왕실과 귀족들이 권력 싸움을 하고 사치한 생활을 하는 동안 농민들의 생활은 점점 더 어려워지기만 했습니다. 서울의 지배층이 호화로운 생활을 하기 위해서는 많은 비용이 필요했을 텐데, 그 비용을 감당해야 할 사람들은 세금을 내는 지방의 일반 백성이었기 때문입니다.

이러한 때에 산신이 나와 춤을 추고 노래를 부르며 '지리다도파'라고 하였다고 합니다. 지리다도파는 '지혜로 나라를 다스리는 사람이 장차 일어날 일을 미리 알고 도망가 버렸으니 앞으로 이 나라가 망할 것'이라는 뜻입니다. 이렇게 헌강왕 때는 나라의 운명이 위태로웠던 시기입니다.

 헌강왕은 한 나라의 왕으로서 이러한 낌새를 알고 있었겠지요. 그런데 그는 근본적으로 문제를 해결하려 하기보다는 종교적인 믿음과 행사를 통하여 나라의 위기를 극복해 보려고 했던 것 같습니다. 헌강왕 때에는 유독 왕이 가는 곳마다 신들이 나타나 노래를 부르고 춤을 추었다는 이야기가 전합니다. 헌강왕이 나라의 동쪽 고을에 갔더니 산과 바다의 신령들이 나타나 춤을 추었고, 경주 남산 포석정에 갔을 때에는 남산의 신이 나타나 춤을 추었다고 합니다. 또 경주 북쪽의 금강산에 갔더니 산신과 지신이 나타나 노래를 부르고 춤을 추었고, 울산 지역에 갔더니 동해 용왕이 나타났는데 그 아들인 처용도 노래를 부르며 춤을 추었다는 것입니다. 진짜로 노래를 부르고 춤을 춘 것은 신들이 아니라 신을 부르는 무당이었겠지요. 아마도 헌강왕은 무당

포석정
신라의 왕이 귀족들과 둘러앉아 술잔을 나누며 시를 읊고, 노래를 부르며, 춤추고 즐기던 곳이라 보기도 하고 종교적 의례를 거행하던 곳이라 보기도 한다. 아마도 두 가지를 모두 행하였을 것이다.

초 심지 자르는 가위
금동 가위로, 아마 금동 촛대와 함께 사용하였을 것이다.
왕과 귀족들이 이렇게 호화로운 생활을 하는 동안
백성들의 생활은 더 어려워졌다.
ⓒ 국립경주박물관 소장

들을 거느리고 영험하다는 곳을 찾아다니며 나라가 평안해지기를 기원하는 굿을 자주 하였던 듯합니다.

그러나 이곳저곳 다니면서 여러 신들에게 굿을 한다고 망해 가는 나라가 살아날 리 없습니다. 망해 가는 나라가 다시 일어서려면 지배층이 정신을 바짝 차리고 왜 나라가 망해 가는가를 똑바로 알고 피나는 노력을 해야겠지요. 그러나 권력 싸움이나 해 대고 사치만 일삼던 당시 경주의 귀족들은 그러한 노력을 하려고 하지 않았습니다. 자신들이 잘 먹고 잘산다는 것에 만족할 뿐이었습니다. 결국 889년(진성 여왕 3)에 나라 창고가 비어서 여러 지방에 세금을 더 내라고 독촉을 하자 견디다 못한 농민들이 각지에서 반란을 일으키는 지경까지 가게 되었습니다. 그리고 얼마 지나지 않아 후고구려와 후백제가 각각 건국되었습니다. 이제 신라는 경상도 한쪽 구석만 겨우 차지한 초라한 나라로 떨어지고 말았습니다. 그리고 후고구려에서 일어난 고려에 항복함으로써 신라 천 년의 기나긴 역사가 끝이 났습니다.

처용가

5부
부처님의 품에 안겨

통일 신라

「원왕생가」·「조신몽」·「손순매아」
「호원」·「임금님 귀는 당나귀 귀」

신라는 삼국 중 가장 늦게 불교를 받아들였지만
신앙에 대한 자부심은 대단했어요.
곳곳에 큰절을 세우고, 자기 나라를 부처가 사는 나라로 생각했지요.
신라 사람들은 현세를 위해, 그리고 내세를 위해 늘 **부처를 찾았어요.**
전통 사상과 불교 교리를 엮어 재미있는 이야기를 만들기도 했고요.
불교를 통해 저 멀리 **이방의 문화도 접할 수** 있었습니다.
신라 사람들의 불교 신앙을 만나 보세요.

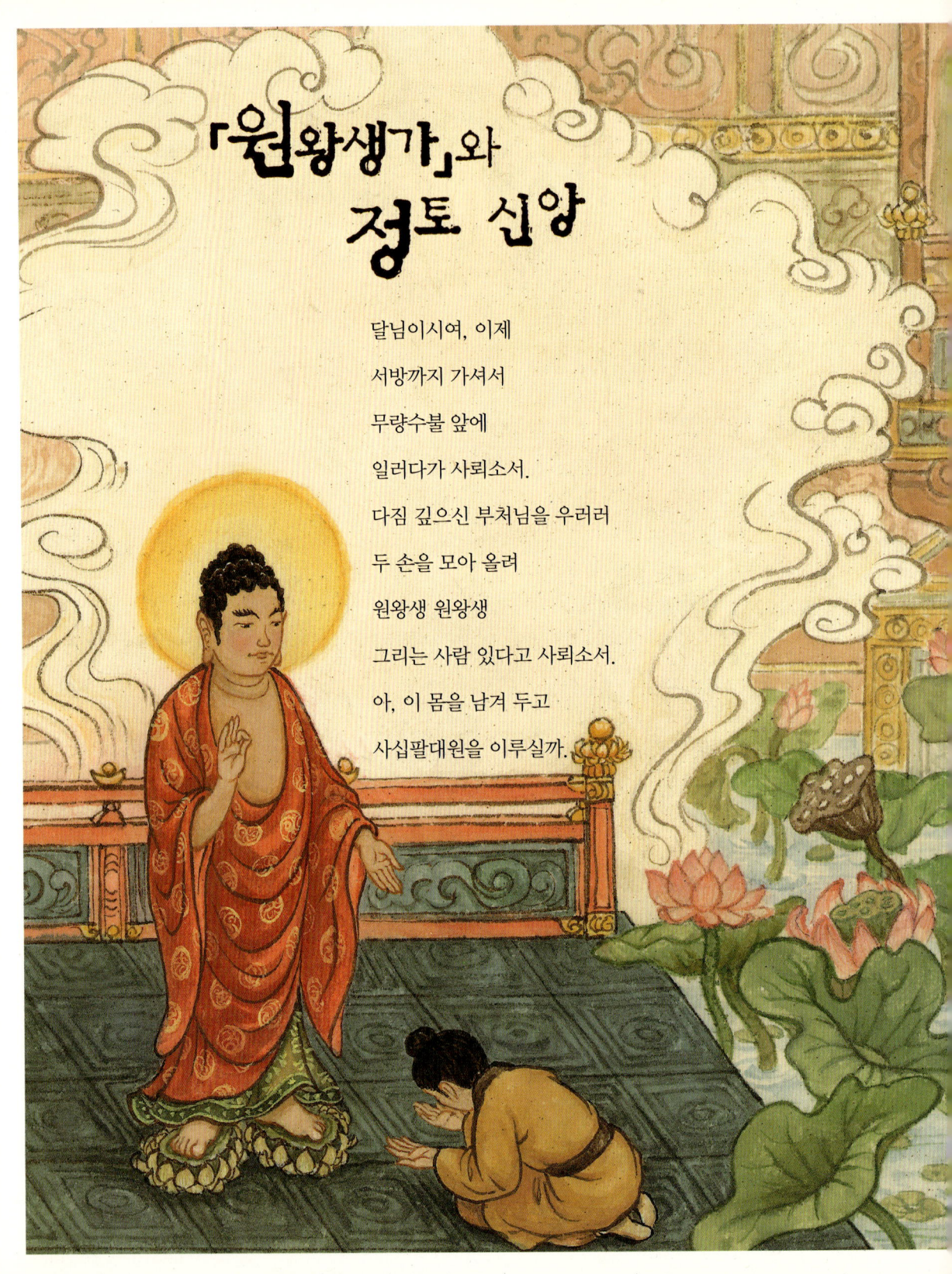

「원왕생가」와 정토 신앙

달님이시여, 이제
서방까지 가셔서
무량수불 앞에
일러다가 사뢰소서.
다짐 깊으신 부처님을 우러러
두 손을 모아 올려
원왕생 원왕생
그리는 사람 있다고 사뢰소서.
아, 이 몸을 남겨 두고
사십팔대원을 이루실까.

부처님 나라에 가기를 기원하는 노래

「원왕생가」는 신라 문무왕(재위 661~681) 때 광덕이라는 사람이 지었다는 향가입니다. 「원왕생가(願往生歌)」의 원(願)은 '원하다', 왕(往)은 '가다', 생(生)은 '태어나다', 가(歌)는 '노래'의 뜻이므로, 원왕생가는 '가서 태어나기를 원하는 노래'라는 뜻입니다. 『삼국유사』의 「광덕과 엄장」이라는 부분에 이 노래와 노래에 얽힌 사연이 실려 있습니다. 이 노래에 얽힌 사연은 다음과 같습니다.

신라 문무왕 때에 광덕과 엄장이라는 두 친구가 있었다. 광덕은 신을 만들어 팔면서 아내와 자식들을 데리고 살았고, 엄장은 농사를 지으며 살았다. 두 사람은 서쪽에 있는 아미타 부처님의 나라에 가서 다시 태어날 것을 약속하였다.

그러던 중 광덕이 먼저 죽으면서 서쪽 아미타 부처님의 나라로 간다고 알렸다. 엄장은 장사 지내고 광덕의 아내와 함께 살게 되었다. 밤에 엄장이 광덕의 아내와 함께 자려고 하자 광덕의 아내는 엄장을 꾸짖었다.

"광덕과 10년 동안 살았지만 광덕은 한 번도 함께 자려고 하지 않았습니다. 그렇게 깨끗하게 생활하여 결국 서쪽 아미타 부처님의 나라에 간 것입니다. 그런데 당신은 그렇지 못하니 부처님 나라에 가기는 글렀군요."

엄장은 크게 뉘우치며 몸을 깨끗이 하고 열심히 노력하여 결국 광덕을 따라 서쪽 부처님의 나라로 갈 수 있었다. 그리고 광덕이 살아생전에 부처님 나라로 가기를 원하면서 부르던 노래가 바로 「원왕생가」였다고 한다.

서방 정토로 인도하는 아미타불

신라에 처음 불교가 들어왔을 때, 불교를 이해하고 믿었던 사람들은 가진 것이 많은 사람들이었습니다. 그러다가 점차 많이 가지지 못한 사람들도 불교를 믿게 되었습니다. 원효(617~686) 같은 승려는 더 많은 고통을 당하는 일반 백성에게 부처님의 가르침이 더욱 필요하다고 생각하였습니다. 그래서 원효 스님은 시장에서 노래하고 춤추며 일반 백성들에게 불교를 알리고자 노력하였습니다.

그런데 글씨를 모르는 백성들이 어려운 한문으로 쓰인 불교 경전을 읽으면서 부처님의 가르침을 이해할 수는 없었습니다. 또 먹고사는 것이 힘든 가난한 백성들이 승려가 되거나 수행 생활을 하면서 부처님의 가르침을 따르기도 힘들었습니다. 그래서 자신이 하는 일을 계속하면서 부처님을 믿고 부처님의 이름을 소리 내어 부르는 것만으로 부처님의 나라에 태어나 행복하게 살 수 있다는 가르침이 일반 백성들에게 힘을 주었습니다.

이것이 바로 정토 신앙입니다. 정토(淨土)는 '깨끗한 나라, 즉 부처님이 계신 곳'을 말하고 신앙이란 '믿는 것'을 말합니다. 그러므로 정토 신앙은 '부처님의 땅에 대한 믿음, 즉 부처님이 계신 곳에서 살고 싶다는 믿음'을 말합니다. 불교 경전에 따르면 이 세계에는 여러 부처님이 계십니다. 그중에서도 특히 서쪽에 계신 부처님은 아미타 부처님인데, 그곳을 서쪽의 정토라는 뜻인 '서방 정토'라고 하였습니다.

서방 정토는 흔히 극락이라고 불립니다. 아미타 부처님이 계시는 극락정토는 춥지도 덥지도 않으며 배고픔도 없고 죽음도 없는 곳입니다. 아미타 부처님은 한자로 쓰면 무량수불(無量壽佛)이나 무량광불(無量光佛)이라고 합니다. 무량수불의 무(無)는 '없을 무', 량(量)은 '헤아릴 량', 수(壽)는 '목숨 수', 불(佛)은 '부처 불', 즉 무량수불은 '헤아릴 수 없을 만큼의 수명을 누리는 부처님 또는 그런 수명을 주는 부처님'이고, 무량광불의 광(光)은 '빛 광'이므로, 무량광불은 '헤아릴 수 없는 빛을 내는 부처님'입니다.

「원왕생가」는 왕생, 즉 부처님의 땅에 가서 태어나기를 기원하는 노래입니다. 그 소원을 무량수불, 즉 아미타 부처님께 전해 달라고 서쪽으로 가려는 달에게 부탁하고 있습니다. 마지막 구절의 사십팔대원은 아미타 부처님이 여러 생명이 있는 것들을 구하려고 세운 48가지 큰 기원을 말합니다. 이 노래의 작자는 이러한 기원을 가지고 계신 아미타 부처님이 자신을 이 고통의 세상에 그대로 남겨 두지 않으실 거라고 생각하였습니다. 그리하여 자신은 꼭 왕생하고 싶다는 소원을 간절하게 표현하였습니다. 결국 이 노래는 신라의 가난한 백성이 서쪽 아미타 부처님이 계신 곳에 태어나 고통 없이 행복하게 살고 싶다고 기원하며 부르던 노래였던 것입니다.

가난하고 신분이 천한 사람들만 정토 신앙을 믿었던 것은 물론 아닙니다. 귀족들도 죽어서 좋은 세상으로 가고 싶어 하였지요. 그러나 평생을 가난하고 천대받으며 살았던 사람들이야말로 죽어서 좋은 세상에서 행복하게 살고

극락전 경주 불국사에서 안양문을 통해 들어가면 아미타불을 모신 극락전이 있다. 무량수전 또는 미타전이라고도 한다.

아미타불 불국사의 극락세계를 관장하는 아미타불인 금동 아미타여래 좌상은 통일 신라 3대 불상 중 하나로, 세련된 통일 신라 시대 불상의 모습을 잘 보여 준다.

싶은 마음이 절실하였을 것입니다. 또한 정토 신앙은 사람의 신분에 관계 없이 누구나 부처님을 진심으로 믿고 따르면 부처님이 계신 곳에 갈 수 있다고 하였습니다. 따라서 가난한 백성에게 많은 위안이 되었을 것입니다.

『삼국유사』에 실려 있는 욱면이라는 여자 노비의 이야기를 보면 더욱 그렇습니다.

신라 경덕왕 때 있었던 일이다. 욱면이라는 여자 노비가 있었는데, 그 주인은 매번 미타사라는 절에 와서 부처님께 절을 하고 부처님의 이름을 불렀다(이를 염불이라고 한다). 욱면도 주인을 따라 절에 와서는 염불을 하였다. 주인은 노비가 일은 안 하고 신분이 낮은 주제에 건방지게 자기를 따라 염불을 한다고 하여 매일 많은 곡식을 주어 하룻저녁에 곡식을 찧게 하였다. 욱면은 초저녁에 곡식을 다 찧어 놓고 다시 절에 와서 염불하기를 밤낮으로 게을리

하지 않았다. 그러나 절의 승려와 신분이 높은 신도들은 이 노비를 불당에 들어가게 하지 않았으므로, 욱면은 절의 마당에서 열심히 염불을 하였다. 그러던 어느 날 갑자기 공중에서 "욱면은 불당에 들어가서 염불하라."라는 소리가 들렸다. 절 안에 있던 사람들이 그렇게 하라고 하여 욱면은 불당에 들어가 열심히 염불하였다. 염불하던 중 갑자기 하늘에서 아름다운 음악이 들려오더니 욱면의 몸이 솟아올라 지붕을 뚫고 하늘로 날아올랐다. 그리고 욱면은 서방 극락정토로 날아가게 되었다.

  맡은 일을 열심히 하고 진실하게 살면서 부처님을 믿는 사람은 신분이나 돈에 상관없이 누구나 극락정토에 갈 수 있다는 불교의 가르침을 잘 전해 주는 이야기입니다. 욱면의 주인은 높은 지위에 있던 사람으로 이 사람도 극락세계로 가고 싶어 절에 와서 열심히 부처님을 모셨지요. 하지만 그는 노비인 욱면을 신분이 낮다 하여 업신여기고 미워하였습니다. 이러한 마음으로는 극락세계로 갈 수 없다고 이 이야기는 말해 주고 있습니다.
  그러나 이러한 일이 실제로 일어날 수는 없겠지요. 그렇게 되기를 바라는 것입니다. 어떻게 보면 살아가는 고통을 이러한 믿음으로만 위안받던 옛날 백성의 처지가 불쌍하게 느껴집니다.

「조신몽」과 관음보살

"이제는 쇠약해져 생긴 병이 해마다 더욱 심해지고 굶주림과 추위가 날로 더욱 닥쳐오는데, 다른 사람들에게 걸식하며 사는 처지가 더욱 힘듭니다. 아이들이 추위에 떨고 굶주리니, 어느 틈에 부부의 애정을 즐길 수 있겠습니까? 혈색 좋던 얼굴과 어여쁜 웃음도 풀 위의 이슬처럼 사라져 버렸고 굳은 백년가약도 바람에 날리듯 없어져 버렸습니다. 당신은 나 때문에 괴로움을 받고, 나는 당신 때문에 근심이 되니 옛날의 기쁨이 바로 걱정 근심의 시작이었습니다."

사랑도 한낱 꿈에 지나지 않는다

　불교에서는 인간의 욕심이 인간을 불행하게 한다고 말합니다. 남녀 간의 사랑 역시 욕심에서 나와 이것이 집착을 낳고 번뇌와 고통의 원인이 될 수 있다고 합니다. 신라 사람들에게 사랑의 고통과 허무함을 가르쳐 주려고 한 이야기가 「조신몽(調信夢)」입니다. 조신(調信)은 사람 이름이고, 몽(夢)은 '꿈'이란 뜻이므로, 조신몽은 '조신의 꿈'이라는 뜻입니다. 「조신몽」의 줄거리는 다음과 같습니다.

　경주 세달사의 장원이 명주에 있었다. 세달사에서는 승려 조신이 장원을 관리하도록 하였다. 조신은 장원을 관리하며 살다가 그 지역의 태수 김흔공의 딸을 좋아하게 되었다. 그래서 낙산사 관음보살 앞에 나아가 김씨 낭자와 관계를 맺기를 빌었으나, 김씨 낭자는 다른 남자에게 시집을 가 버렸다. 조신은 불당 앞에서 관음보살이 자기의 소원을 이루어 주지 않음을 원망하며 슬피 울다가 잠이 들었다.
　꿈에 김씨 낭자가 기쁜 낯빛으로 들어와서 스님을 사랑하여 잠시도 잊지 못하니 부부가 되자고 했다. 조신은 매우 기뻐하며 함께 살았다.
　조신과 김씨 낭자는 사십여 년을 같이 살며 자녀 다섯을 두었으나 너무 가난하여 끼니도 제대로 잇지 못했다. 조신은 아내와 아이들을 데리고 사방을 다니며 입에 풀칠하기조차 바빴다. 이렇게 십 년을 돌아다니다 보니 갈가리 찢어진 옷은 몸뚱이를 가릴 수도 없었다. 명주의 한 고개를 넘다가 열다섯 살

된 큰아이가 갑자기 굶어 죽어 통곡하며 길가에 묻었다. 그리고 나머지 네 자녀를 데리고 우곡현에 이르러 길가에 초가집을 짓고 살았다. 부부는 늙고 병들고 굶주려서 일어나지도 못하였다. 열 살 난 딸아이가 밥을 얻으러 다니다가 마을 개에게 물려 아프다고 울부짖으면서 앞에 와서 눕자 부모도 목이 메어 눈물이 끊임없이 흘렸다.

부인이 눈물을 훔치며, 굶주리며 함께 사느니 차라리 헤어지자고 하였다. 조신은 이 말을 듣고 기뻐하며 각기 아이 둘씩을 맡아 작별하였다. 막 헤어져 길을 떠나려 할 때 그만 꿈을 깨었다.

이때 등잔불은 깜박거리고 밤이 깊어 가고 있었다. 아침이 되니 수염과 머리털은 모두 희어지고 망연하여 사는 것도 싫어지고 한평생 괴로움을 다 겪은 것 같았다. 탐을 내던 나쁜 마음도 얼음 녹듯 깨끗이 없어져 버렸다. 관음보살상을 대하기가 부끄러워 잘못을 크게 뉘우쳤다.

조신은 꿈에서 죽은 아이를 묻었던 고개로 가 그곳을 파 보니 돌부처가 있었다. 이것을 물로 씻어 부근의 절에 모셨다. 서울로 돌아가 장원의 임무를 그만두고 자기 재산을 털어 정토사를 세웠다. 그 후에 세상을 어디서 마쳤는지 알 수 없다.

「조신몽」처럼 원하던 것을 꿈에서 이루지만 꿈에서 깨어나면서 진정한 이치를 깨닫게 된다는 이야기는 많습니다. 이러한 이야기를 환몽(幻夢) 설화라고 합니다. 환(幻)은 '환상', 몽(夢)은 '꿈'이니, 환몽은 '허황된 꿈'을 말합니다. 그러므로 환몽 설화란 허황된 꿈에 대한 이야기라고 할 수 있겠네요. 조선 시대의 한문 소설인 『구운몽』도 같은 부류에 속합니다.

소원을 이루어 주는 관음보살

조신은 승려의 몸으로 한 여자를 사랑하여 낙산사 관음보살 앞에서 그녀의 사랑을 얻게 해 달라고 간절히 기도하였습니다. 그녀와 함께한다면 이 세상의 모든 행복을 맛볼 수 있을 것 같았습니다. 조신의 소망은 이루어졌습니다. 그러나 그녀와 함께한 삶은 고통 그 자체였습니다. 늘 굶주림과 추위에 떨었으며 자식들은 하나둘 죽어 버렸습니다. 조신과 부인은 결국 고통만을 안고 헤어졌습니다.

조신은 고통에 몸부림치다 꿈에서 깨었습니다. 결국 조신은 욕심을 내고 그 욕심을 채우려 했던 것 자체가 고통이라는 것을 깨달았습니다. 그러고는 속세의 욕심을 완전히 끊어 버리고 열심히 수행을 합니다. 인생에서 사

십일면 관음보살 석굴암 본존불 바로 뒤에 조각되어 있는 관음보살상이다. 열한 가지의 얼굴 모습은 여러 가지 방법으로 중생을 구제하고자 하는 뜻을 담고 있다.

람들이 흔히 가지는 욕심은 이렇듯 고통의 근원이며 한순간에 깨어지는 꿈이므로, 세속의 욕심과 집착을 버리고 부처님의 말씀을 따라 깨끗하게 살라고 가르치는 이야기입니다.

이 이야기에서 조신은 자신의 욕망을 이루기 위해 관음보살에게 소원을 빌었습니다. 통일 신라 사람들이 관음보살에게 자신의 소원을 들어 달라고 빌었더니 소원이 이루어졌다는 이야기는 많습니다. 효소왕(재위 692~702) 때 화랑 부례랑이 도적들에게 납치되었는데, 그 부모가 백률사의 관음보살에게 아들을 돌려 달라고 간절히 빌었더니 부례랑이 무사히 돌아왔다고 합니다. 경덕왕 때에 장사를 하기 위해 배를 타고 바다로 나갔던 장춘이라는 사람은 풍랑을 만나 표류를 한 끝에 중국에서 노비로 힘든 생활을 했는데, 장춘의 어머니가 민장사의 관음보살에 기도를 한 덕택에 무사히 고향으로 돌아오게 되었다고 합니다. 또 눈이 먼 아이를 둔 어머니가 아이가 앞을 볼 수 있게 해 달라고 분황사의 관음보살에게 빌어 드디어 아이의 눈이 보이게 되었다는 이야기도 있고, 아들이 없어서 고민하던 사람이 중생사의 관음보살에게 빌어서 아들을 얻게 되었다는 이야기, 그리고 병

삼릉계곡 마애 관음보살상 경주 남산 삼릉계곡의 큰 바위 윗부분을 쪼아 부조한 관음보살상이다. 보살 뒤에 기둥같이 솟은 바위가 광배(머리 뒤의 둥그런 빛무리) 역할을 한다.

을 낫게 해 준 관음보살의 이야기도 있습니다. 이렇듯 신라인들에게 관음보살은 당장의 어려움을 들어주고 소원을 이루게 해 주는 존재였던 것입니다.

　통일 신라 사람들은 「원왕생가」에서 이야기했던 아미타 부처님도 많이 믿었습니다. 아미타 부처님은 서쪽 극락세계에 계신 부처님이고, 극락세계는 온갖 즐거움이 가득한 고통 없는 세계입니다. 현세에서 여러 고통을 겪었던 사람들은 죽어서는 극락세계에 가서 행복하게 살기를 원했습니다. 그래서 통일 신라 사람들은 죽으면 자기를 극락세계로 데려가 달라고 아미타 부처님에게 빌었습니다.

　이렇게 통일 신라 사람들은 현실의 어려움을 해결하기 위해 관음보살을 믿고, 죽어서는 극락에 가기 위해 아미타 부처님을 믿었습니다.

「손순매아」와 불교의 효 사상

손순에게는 어린아이가 있었는데 늘 어머니의 밥을 빼앗아 먹었다. 손순은 이를 못 하게 하고자 아내에게 말하였다.

"아이는 다시 얻을 수 있지만 어머니는 다시 모실 수 없소. 그런데 아이가 어머니의 밥을 빼앗아 먹으니 어머니가 얼마나 배고프시겠소. 차라리 아이를 땅에 묻어 어머니의 배를 채워 드려야겠소."

효를 위해 자식을 죽이려 한 이야기

「손순매아(孫順埋兒)」에서 손순(孫順)은 사람 이름이고 매(埋)는 '묻다', 아(兒)는 '아이'란 뜻입니다. 즉, 손순매아는 '손순이 아이를 묻으려 하다'란 뜻입니다.

　이 이야기는 조금은 끔찍한 이야기입니다. 늙은 어머니를 배불리 드시게 하기 위해 자식을 죽이려고 하니까요. 아마도 소중한 것을 포기하더라도 자기가 하여야 할 것을 하는 마음이 훌륭하다는 메시지를 전하려는 것 같습니다. 기독교 『성경』에도 아브라함이 아들 이삭을 하나님에게 제물로 바치려 하였다는 이야기가 나오지요? 하나님에 대한 믿음과 복종이 소중하다는 이야기겠지요. 「손순매아」의 줄거리는 다음과 같습니다.

　손순은 아버지가 돌아가시자 아내와 함께 남의 집에 품을 팔아 곡식을 얻어 늙은 어머니를 봉양하였다. 손순에게는 어린아이가 있었는데 늘 어머니의 밥을 빼앗아 먹었다. 손순은 이를 못 하게 하고자 아이를 땅에 묻기로 하였다.
　아이를 업고 취산(醉山) 북쪽 교외에 들어가 땅을 파는데 매우 기이하게 생긴 돌 종이 나왔다. 부부가 놀라고 이상하게 생각하여 나무에 걸어 놓고 쳐 보니 종소리가 아름다웠다. 손순의 아내는 기이한 물건을 얻은 것도 아이의 복이니 묻을 수 없다고 하였다. 손순도 그렇게 생각하여 아이를 업고 종을 가지고 집으로 돌아왔다.
　종을 기둥에 매달고 두드리니 소리가 대궐에까지 들렸다. 흥덕왕은 이상한 종소리가 나는데 맑고 멀리 들리니 빨리 살펴보라고 명령하였다. 왕의 신하가 와서 그 집을 검사한 후에 손순의 사연을 자세히 왕에게 아뢰었다. 왕은 곽거와 같이, 효자를 하늘과 땅이 함께 살피신 것이라며 집 한 채를 주고 해마다 쌀 오십 석을 주어 진실한 효행을 높였다. 손순은 옛집을 바쳐 홍효사라는 절로 삼고 돌 종을 안치하였다. 진성 여왕 때 후백제의 흉악한 도적이 쳐들어와 종은 없어지고 절은 남아 있다.

중국에서는 효도를 중시하여 이미 오래전부터 아이를 땅에 묻는 이야기가 있었습니다. 중국 한나라 때 곽거라는 사람이 어머니를 모시고 있었는데, 부인이 아들을 낳아 어머니를 모시는 데 방해가 되자 부인과 함께 아이를 땅에 묻으려 하였습니다. 그때 땅속에서 금으로 만든 솥이 나오고 그 위에 '효자인 곽거에게 준다'라는 글이 쓰여 있었다고 합니다. 결국 곽거는 어머니께 효도를 하기 위해 아들을 묻어 죽이려 하다가 복을 얻었다는 겁니다. 이 이야기는 「곽거매아(郭巨埋兒)」, 즉 '곽거가 아이를 묻으려 하다'라는 제목으로 효도를 행하는 대표적인 사례로 널리 알려지게 되었습니다. 손순 이야기도 「곽거매아」를 토대로 만들어진 것으로 보입니다.

불교 교리에 효를 더하다

중국, 한국 등 동아시아에서는 사람이 마땅히 해야 하는 일 중에서 효도

「곽거매아」 이야기가 그려진 벽돌 중국 남조 시대의 벽돌이다. 삽으로 땅을 파고 있는 곽거와 아이를 안은 곽거의 아내, 황금이 가득 담긴 솥이 그려져 있다.

를 가장 중요하게 여겼습니다. 효도는 자식과 부모라는 기본적인 인간관계에서 자연스럽게 나오는 마음이고 태도입니다. 이러한 마음과 태도가 사회 전체에 널리 퍼진다면 사회가 평화로워질 거라고 생각했기 때문에, 중국이나 한국의 조상들은 효도를 중시했습니다. 그리고 부모가 자식을 위하는 것보다 자식이 부모를 위하는 마음과 태도가 더 중요하다고 생각하여, 자식에 대한 사랑보다 부모에 대한 효도가 더 강조되곤 했습니다. 옛날에는 아랫사람과 윗사람의 구분을 확실히 하고 차별을 하여 자식이 부모를, 하인이 주인을, 백성과 신하가 임금을 잘 섬기고 복종해야 사회가 편안해진다고 생각했기 때문입니다.

이 이야기에서처럼 부모를 봉양하기 위해 자식을 죽이는 일이 실제로 있었는지는 알 수 없습니다. 그런데 옛날에는 이러저러한 이유로 아이들을 죽이는 일이 흔히 있었습니다. 남자를 귀하게 여기는 사회에서는 여자아이들이 많이 살해되었고, 기형아들도 살해되었습니다. 또 인구가 지나치게 증가하는 것을 막기 위해 아이들을 살해하기도 하였습니다. 여러 가지 이유로 아이들을 살해했던 흔적이 이야기 속에 들어가 있는 것 같습니다.

효도를 강조하는 것은 중국 유교의 입장입니다. 이 이야기도 원래는 중국에서 유교의 효를 강조하기 위해 만들어진 이야기에서 출발하였습니다. 그런데 이 이야기는 단지 효도를 하려다 복을 받았다는 데서 끝나지 않고 손순이 복을 받고 나서 자기 옛집을 절로 만들었다고 하였습니다. 즉 원래 유교의 효를 강조하는 이야기에 불교 이야기를 첨가해서 불교적인 이야기로 끝맺고 있네요. 이 이야기는 고려의 유명한 승려 일연이 만든 『삼국유사』에 실려 있습니다. 『삼국유사』에 나와 있는 대부분의 이야기들이 불교

에밀레종 정식 명칭은 성덕 대왕 신종이나, 종을 치면 '에밀레 에밀레' 하고 아기가 우는 듯한 소리가 난다고 하여 에밀레종이라고도 한다. 이 종을 만들 때 아기를 거푸집에 넣어 아기 울음소리가 난다는 해괴한 소문이 있었지만 사실이 아닌 것으로 밝혀졌다.

ⓒ 국립경주박물관 소장

에 관한 것입니다. 그러니까 이 이야기가 불교와 관계가 있다는 것도 충분히 이해가 갑니다.

원래 불교는 가족 관계를 끊어 버리고 철저히 혼자서 수행하고 깨달음을 얻어 진정한 행복을 찾을 것을 주장하였습니다. 가족과 관계를 맺으면 욕심과 집착이 생기기 때문입니다. 그런데 불교가 중국에 들어왔을 때 문제가 생겼습니다. 중국에서는 이미 오래전부터 인간관계의 핵심은 가족이라는 생각이 강하게 자리 잡고 있었거든요. 불교가 중국에 자리 잡기 위해서는 가족을 중시하며 효도를 강조하는 중국인의 생각과 태도를 받아들여야 하였습니다. 그래서 불교도 가족을 중시하고 효도를 잘해야 한다는 이야기를 만들게 되었습니다.

또 가족을 떠나 출가하여 승려가 되어도 그것이 가족을 저버리는 것이 아니라고도 하였습니다. 승려가 되어 이름을 날리는 것이 마치 과거에 합격하여 관리가 되는 것과 마찬가지의 출세이므로 부모에 대한 큰 효도라는 것이지요. 나아가 승려로서 부모와 가족들이 극락에 가기를 빌어 주므로 더 큰 효도를 하는 것이라고도 하였습니다.

이러한 사정은 신라나 고려에서도 마찬가지였지요. 그래서 유교의 효를 강조하기 위해 만들어진 이야기에 불교의 이야기를 집어넣어 불교에서도 효도를 중요하게 생각한다고 주장하였던 것입니다.

「호원」과 신라의 불교 신앙

원성왕 때에 김현이라는 남자가 있었는데, 밤이 깊도록 혼자서 쉬지 않고 탑돌이를 하였다. 그때 한 처녀가 염불을 하면서 탑돌이를 하고 있는데, 서로 마음이 움직여 눈길을 보내었다. 탑돌이가 끝나자 김현은 처녀를 구석진 곳으로 데려가 정을 통하였다. 처녀가 돌아가려 하자 김현이 쫓아가려 하였다. 처녀는 사양하고 거절하였으나 김현이 억지로 따라갔다.

불교식 '은혜 갚은 호랑이' 이야기

이 이야기의 제목은 「호원(虎願)」입니다. 호(虎)는 '호랑이', 원(願)은 '원하다'의 뜻이므로, 호원은 '호랑이의 소원'이라는 뜻입니다. 앞의 이야기만 읽어서는 남녀 간의 사랑 이야기 같은데 제목에 호랑이가 등장합니다. 줄거리를 살펴볼까요?

신라 풍속에 매년 2월이 되면 8일부터 보름날까지 도성의 남녀들이 흥륜사의 탑을 돌며 복을 비는 모임을 열었다.

원성왕 때 김현이라는 남자가 있었는데, 탑돌이를 하다가 한 여자와 정을 통하였다. 여자는 거절하였지만 김현은 여자를 따라갔다. 여자의 집에 들어서자 한 노파가 김현을 구석진 곳에 숨기라고 하였다. 조금 있다가 호랑이 세 마리가 으르렁거리며 들어와 사람같이 말을 하였다. 호랑이들은 집에서 고기 누린내가 난다며 김현을 잡아먹으려 하였다.

그때 하늘에서 호랑이의 악행을 벌하겠다는 소리가 들렸다. 여자는 김현에게, 자신은 호랑이이며 오빠들이 받을 천벌을 대신 받을 것이라고 말했다. 그리고 자신이 서울에 들어가 사람들을 해치면 대왕은 반드시 높은 벼슬을 걸고 호랑이를 잡게 할 것이니 그때 성 북쪽 숲으로 들어와 자신을 잡으라고 하였다. 김현은 처녀의 죽음을 팔아서 벼슬을 얻을 수 없다고 하였지만, 처녀는 김현을 설득하며 자신을 위해 절을 짓고 경전을 읽어 주며 명복을 빌어 달라고 하였다.

다음 날 사나운 호랑이가 성안으로 들어와 사람들을 해쳤다. 왕이 이를 듣고 호랑이를 죽이는 자에게 큰 벼슬을 주겠다고 하였다. 김현이 칼을 쥐고 숲속으로 들어가니 호랑이가 처녀로 변하였다. 처녀는 지난밤에 자신과 나눈 정을 잊지 말라며 다친 사람들은 흥륜사의 된장을 바르고 흥륜사의 나발 소리를 들으면 나을 것이라고 알려 주었다. 그러고는 김현이 차고 있던 칼로 스스로 목을 찔러 목숨을 끊었다. 김현이 숲에서 나와 호랑이 처녀가 알려 준 대로 다친 사람들의 상처를 치료하도록 하자 상처가 모두 나았다. 민간에서는 아직도 그 방법을 사용하고 있다.

김현은 호원사(虎願寺)를 짓고 『범망경』을 읽어 호랑이의 저승길을 인도하였다. 그리하여 자신을 성공시킨 은혜에 보답하였다.

인간과 동물의 관계

호랑이와 인간이 결혼을 하다니요, 말도 안 되는 소리입니다. 현실에서는 불가능하지만 이야기에서는 이렇게 그럴듯하게, 더군다나 감동을 주면서 꾸며졌네요. 그래서 이야기는 재미있나 봅니다.

왜 옛날 사람들은 동물과 인간이 결혼할 수 있다는 이상한 생각을 하였을까요? 아주 오래전, 사람들은 자신들도 자연의 일부이며 사람이나 동식물은 본질적으로 비슷한 생명체라고 생각하였습니다. 그러므로 사람도 식물이나 동물과 대화를 나눌 수 있으며 식물이나 동물로 모습을 바꿀 수도 있다고 생각하였습니다. 또 동물이나 식물도 사람이 될 수 있다고 생각하였고요.

앞에서 「단군 신화」를 읽었지요? 호랑이와 곰이 인간이 되고 싶어 하였고 곰은 여자가 되었지요? 바로 이러한 생각에서 나온 이야기입니다. 영화 〈반지의 제왕〉을 본 사람들이라면 나무들이 걸어와서 인간을 구해 주는 장면이 기억날지 모르겠습니다. 나무와 인간이 대화하고 인간의 편이 되어 줄 수 있다고 생각했던 옛사람들의 생각이 들어가 있는 장면이지요. 이제 이 이야기에서 호랑이가 여자가 되어 인간 남자와 결혼했다는 이야기가 어떤 의미인지 이해할 수 있겠습니다.

그러다가 인간은 점차 자연에 의존해서만 살지 않고 자연을 이용해서 살게 되었습니다. 인간이 자연의 동식물보다 뛰어나다는 생각도 하게 되었습니다. 그러면서 동식물과 모습을 바꾸고 대화하는 것은 일반적인 일이 아니라 특별한 일이라고 생각하게 되었습니다. 그래서 동식물과 대화하고 그들을 부릴 줄 알거나, 그들과 결혼하는 사람들은 특별한 사람이라고 생각하게 되었습니다. 고구려를 세운 주몽이 물고기와 자라를 부릴 줄 알았다는 이야기가 바로 그렇습니다. 김현이라는 별 볼 일 없던 사람이 호랑이 처녀와 결혼하여 높은 벼슬을 받게 되었다는 이 이야기도 그렇습니다.

동물과 인간이 결혼을 한다는 이야기는 우리나라에만 전하여지는 이야기가 아닙니다. 세계적으로 널리 퍼져 있습니다. 『삼국유사』에서도 「호원」 바로 뒤에 중국의 비슷한 이야기를 골라 적어 놓았습니다.

당나라 때 신도징이라는 사람이 있었는데, 지방의 관리로 부임하기 위하

호랑이 토우 우리가 생각하는 호랑이와 달리 무섭기보다는 친근한 느낌이다.
ⓒ 국립중앙박물관 소장

여 길을 가다가 눈보라를 만나 길가의 초가집에 들르게 되었다. 그때 아리따운 처녀를 만나 부부가 되었다. 부인은 지방 관리의 낮은 봉급으로 알뜰히 살림을 하여 집안을 일으키고 총명한 자식들을 낳아 주어 신도징을 기쁘게 하였다. 그러던 어느 날 신도징은 부인과 함께 부인의 옛집을 찾게 되었다. 그때 부인이 벽에 걸린 호랑이 가죽을 덮어쓰고 호랑이로 변하더니 신도징과 아이들을 버리고 산으로 들어갔다.

『삼국유사』를 만든 일연이 신라의 김현 이야기와 중국의 신도징 이야기를 함께 쓴 이유는 무엇일까요? 그것은 신라의 김현이 만난 호랑이가 훨씬 더 착하다고 비교하기 위해서였습니다. 신도징의 부인이었던 호랑이 역시 신도징에게 복을 주었지만, 결국 자기 모습을 찾아 산으로 돌아갔습니다. 호랑이의 입장에서 보면 자기 본성을 찾은 것이지만, 인간의 입장에서 보면 부부의 의리를 저버린 것입니다. 그러나 김현의 호랑이는 살신성인하여 부부의 인연을 맺은 김현에게 복을 주고 죽었습니다. 일연은 김현의 호랑이 편이 훨씬 아름답다고 하였습니다.

『삼국유사』의 저자인 승려 일연은 이 이야기가 호원사라는 절을 세우게 된 이유를 말해 주는 것이라 하였습니다. 호원사를 세운 김현은 절에서 하던 탑돌이 행사에 참석했다가 호랑이 처녀와 만나 부부의 인연을 맺었고, 호랑이의 희생으로 출세를 하였습니다. 또 호랑이도 생명을 해치는 나쁜 행동으로 벌을 받아야 했는데, 목숨을 김현에게 맡김으로써 속죄할 수 있었습니다. 그리하여 출세를 한 김현이 호랑이의 명복을 빌고 은혜에 보답하기 위해 호원사를 세운 것입니다.

결국 이 이야기는 인간과 호랑이의 정성스러운 탑돌이에 부처님이 감격하여 둘에게 복을 내려 주었다고 말하고 있습니다. 동물과 인간의 특별한 결혼 이야기를 결국 불교식으로 설명하고 있는 것이지요. 『삼국유사』를 지은 승려의 입장이 잘 나타나 있습니다.

 김현과 호랑이의 인연이 시작된 곳

김현과 호랑이 처녀의 인연이 시작된 곳, 흥륜사는 신라에서 가장 먼저 생긴 유서 깊은 절이다. 지금은 터만 약간 남아 있다. 요즘 사찰에서는 4월 초파일과 8월 한가위에 탑돌이를 하고, 2월에는 탑돌이 행사를 잘 하지 않는다. 그런데 김현과 호랑이는 2월 8일부터 15일까지 경주 흥륜사에서 열리는 탑돌이 행사에서 만났다고 했다. 불교에서 2월 8일은 부처님이 집을 떠나 승려가 되었던 날이고, 2월 15일은 부처님이 돌아가신 날이라고 한다. 신라에서는 이런 날들을 기념하여 2월 8일부터 15일까지 사찰의 탑을 돌면서 복을 비는 풍습이 있었던 것 같다.

「임금님 귀는 당나귀 귀」와 불교를 통한 교류

왕이 임금의 자리에 오르자 왕의 귀가 갑자기 길어져서 나귀의 귀처럼 되었다. 왕후와 나인들은 모두 알지 못했으나 오직 모자 만드는 장인 한 사람만이 그것을 알고 있었다. 그러나 평생 남에게 말하지 않았다. 그는 죽기 직전에 도림사의 대숲 속, 사람이 없는 곳으로 들어가서 대나무를 보고 외쳤다.

"우리 임금님 귀는 나귀 귀처럼 생겼다."

그 후 바람만 불면 소리가 났다.

"우리 임금님 귀는 나귀 귀처럼 생겼다."

왕은 이 소리를 싫어하여 대나무를 베어 버리고 산수유나무를 심었더니, 바람이 불면 그 소리는

"우리 임금님 귀는 기다랗다."

라고만 했다.

임금님의 우스꽝스러운 귀 이야기

우리나라의 옛날이야기 중에는 중국이나 일본, 인도, 심지어는 고대 그리스의 이야기와 비슷한 것들이 많이 있습니다. 그것은 사람들의 생각이 비슷하였기 때문일 수도 있습니다. 한편으로는 우리나라와 그 나라들이 서로 교류하였기 때문일 수도 있습니다.

「임금님 귀는 당나귀 귀」의 주인공은 신라 경문왕(재위 861~875)입니다. 경문왕 이야기는 『삼국유사』에 실려 있습니다. 그런데 이 이야기와 줄거리가 똑같은 것이 고대 그리스에도 있습니다.

고대 그리스의 미다스 왕은 아폴론 신에게 대항했다가 그 귀가 당나귀 귀가 되는 벌을 받았다. 그래서 미다스 왕은 커다란 모자를 써서 귀를 감추고 아무도 모르게 하였다. 하지만 모자를 만드는 사람에게만은 감출 수가 없었다. 모자 만드는 사람은 이 우스운 비밀을 혼자만 삭이고 있자니 마음에 병이 생길 것만 같았다. 그래서 그는 땅에 구덩이를 파고 그 속에 입을 대고 이야기를 하고는 다시 흙을 덮었다. 얼마 가지 않아 그곳에서 갈대가 무더기로 자랐다. 바람이 불 때마다 갈대가 움직이며 "미다스 왕 귀는 당나귀 귀!"라는 소리가 났다.

미다스 왕은 아주 부자로 이름난 고대 그리스의 왕이라고 합니다. 손이 닿는 것은 무엇이든 황금으로 변하는 설화의 주인공으로도 유명하지요.

불교를 통해 동서양의 문화가 만나다

왜 이렇게 비슷한 이야기가 신라에도 있을까요? 고대 그리스인이나 신라인이 각자 이야기를 만들어 낸 것이 우연히 비슷한 결과를 냈을 수도 있습니다. 그러나 이 이야기들은 너무나 유사하여 우연인 것 같지만은 않습니다.

그렇다면 그리스인과 신라인들이 서로 왔다 갔다 하면서 생긴 걸까요? 하지만 이 두 이야기의 주인공인 고대 그리스의 미다스 왕과 신라의 경문왕은 살았던 시대가 너무 차이가 납니다. 이런 이야기가 그리스와 신라라는 먼 지역의 차이를 뛰어넘어 함께 존재할 수 있었던 이유는 불교라는 종교를 통한 문화 교류에서 찾아야 할 것 같습니다.

고대 마케도니아 왕국의 알렉산드로스 대왕(재위 기원전 336~기원전 323)이 동방 원정을 한 후 인도 서북부 지방에는 그리스계의 국가들이 생겨났습니다. 이들은 인도인과 교류하면서 인도 문화에도 영향을 미쳤습니다. 기원전 2세기 후반 인도 서북부 지역에 자리 잡고 있던 그리스계 왕국의 통치자였던 메난드

간다라 불상 지금의 파키스탄 지역에서 2세기에 만들어진 불상이다. 얼굴 생김새와 옷차림이 그리스 조각상과 닮았다.

로스와 불교 승려가 불교 교리에 대해 나눈 대화를 적은 책이 『밀린다왕문경』이라는 이름으로 전해지고 있는데, 그리스 문화와 인도 문화가 불교를 매개로 만났던 사실을 말해 주고 있습니다. 또 지금의 파키스탄 지역에서 기원후 1세기 무렵 그리스풍의 간다라 미술이 발생하여 불교 미술에 큰 영향을 미쳤던 것도 마찬가지입니다. 이렇게 서양 문화와 교류한 흔적을 간직한 불교가 중앙아시아와 중국을 거쳐 신라에 전해졌습니다. 그러면서 미다스 왕과 관련한 이야기도 신라인들에게 알려졌을 것입니다.

지금 세계는 하나라고 합니다. 고대에도 역시 마찬가지였습니다. 고대에는 지금처럼 빠른 교통수단이 없었기 때문에 멀리 떨어진 지역과 교류를 한다거나 먼 곳으로 이동을 하는 데 위험을 감수하며 많은 시간을 들여야 했습니다. 그래도 고대인들은 용기와 호기심, 그리고 인내심을 가지고 먼 곳까지 찾아가 사람들을 만나고 자기들의 이야기를 전하면서 끊임없이 교류를 하였습니다. 이러한 만남을 통해 인류는 더 나은 삶을 위한 성장을 할 수 있었습니다.

아름다운 그리스 도자기
기원전 700년경에 제작된 그리스 도자기이다. 이렇게 인물과 무늬를 기하학적 형태로 장식하는 것을 '기하학적 양식'이라고 하며, 그리스 미술 양식 중 하나이다.

6부
세계 속의 남북국

통일 신라
『왕오천축국전』·「토황소격문」

발해
「다듬잇방망이 소리」

신라가 삼국을 통일하고 통일 신라를 이룩했지만 고구려 땅의
대부분은 당나라에 빼앗기고 말았어요.
멸망한 고구려의 일부 주민들과 말갈 사람들은 고구려가 멸망한 지
30년 만에 발해라는 나라를 세웠어요.
통일 신라와 발해가 있던 이 시대를 남북국 시대라고 합니다.
세계로 뻗어 나간 신라와
발해 사람들의 이야기를 만나 보세요.

사리 장엄구

『왕오천축국전』과 신라의 대외 교류

의복과 언어, 풍속, 그리고 법은 다섯 천축국이 서로 비슷하다. 오직 남천축국의 시골에 가면 백성들의 언어가 다른 곳과 차이가 있으나 벼슬아치들의 언어와 생활은 중천축국과 다른 데가 없다. 이 다섯 천축국의 법에는 죄수의 목에 칼을 씌우거나, 형벌로서 몽둥이로 때리거나 가두는 감옥 같은 것은 없다. 오직 죄인에게는 그 죄의 경중에 따라 벌금을 물릴 뿐 사형도 없다. 위로 국왕에서부터 아래로 서민에 이르기까지 사냥한다고 매를 날리거나 사냥개를 사용하는 일은 하지 않는다. 길에는 도적이 많기는 하나 물건만 빼앗고는 즉시 풀어 보내고 그 자리에서 죽이거나 해를 끼치지는 아니한다. 그러나 즉시 물건 주기를 꺼리면 몸에 해를 끼치기도 한다.

8세기 인도 여행기

　1900년 중국 간쑤 성 둔황에 있는 모가오 굴을 지키던 중국인이 굴 안을 청소하다가 그 옆에 작은 규모의 굴이 또 있는 것을 발견하였습니다. 그리고 그 안을 뒤졌더니 그곳에서 5만여 점의 각종 문서와 서적, 그림들이 쏟아져 나왔습니다. 그 소식을 듣게 된 영국 사람 스타인이 1907년에 이곳에 와서 문서와 그림 등 2만여 점을 가지고 나갔고, 1908년에는 프랑스 사람 펠리오가 와서 약 만여 점을 가지고 나갔습니다. 펠리오는 한문을 읽을 줄 아는 능력이 있어서 여러 문서나 서적 중에서도 좋은 것들을 많이 가지고 나갔는데, 그중에 섞여 있던 것이 바로 『왕오천축국전』이었습니다.

　『왕오천축국전』은 둔황 모가오 굴에서 발견될 당시에 앞뒤가 떨어져 나간 상태였습니다. 그래서 처음에는 이 책이 어떤 책이고 누가 쓴 것인지도 알 수 없었지요. 그러다가 1909년 중국 학자 나진옥이 이 책이 『왕오천축국전』이라는 사실을 밝혀냈고, 1915년 일본 학자 다카쿠스가 이 책의 저자가 신라 출신의 승려인 혜초(704~787)라는 사실을 밝혀내었습니다.

　혜초는 8세기 때 살았던 승려입니다. 열여섯 살 때(719년) 당나라로 건너가 불교를 공부했습니다. 그때 인도에서 온 승려들을 만나 그들의 권유로 723년 무렵에 바닷길로 인도에 갔습니다. 그러고는 약 4년에 걸쳐 인도와 중앙아시아를 여행하고 돌아왔습니다. 돌아와서는 당나라 수도인 장안에서 불교 경전을 번역하는 일을 하다가 787년에 죽었습니다.

　혜초가 인도와 중앙아시아 일대를 여행하고 돌아와 쓴 것이 바로 『왕오천축국전』입니다. 『왕오천축국전(往五天竺國傳)』의 왕(往)은 '가다', 천축(天竺)은 인도를 가리키는 한자어로 오천축(五天竺)은 '인도의 다섯 개 나라'를 가리키고, 전(傳)은 '기록'의 뜻이므로, 왕오천축국전이란 '인도의 여러 나라에 가서 보고 들은 것을 기록하였다'라는 뜻이라 하겠습니다.

불교는 인도가 그 고향입니다. 불교가 중국에 전해진 이래 많은 승려들이 인도에 갔습니다. 그중 몇몇 승려는 인도를 다녀와서 기록을 남겼습니다. 중국 동진의 승려 법현은 예순이 넘은 나이인 399년에 경전을 구하기 위해 중국을 출발해 인도 각지를 돌아다니며 경전을 얻어 가지고 14년 만인 412년에 가까스로 중국에 돌아왔습니다. 돌아와서 기록을 남겼는데, 이것이 『법현전』이라고도 부르는 『불국기』입니다. 671년에는 당나라의 승려 의정이 바닷길로 인도를 다녀와 『대당서역구법고승전』을 남겼습니다. 또 7세기에는 당나라 현장이 인도를 다녀와 『대당서역기』를 남겼는데, 이때 현장의 인도 여행은 『서유기』라는 소설로 널리 알려졌습니다. 그리고 8세기에 신라 승려 혜초가 인도를 다녀와 『왕오천축국전』을 남겼던 것입니다.

중국과 인도 사이를 여행하는 것은 목숨을 걸어야 할 정도로 험난한 일이었습니다. 그러나 아무리 어려운 길이라도 부처의 고향에 가서 직접 보고 듣고 더 공부하기를 원하는 사람들의 바람을 꺾을 수는 없었습니다. 굳은 의지 하나로 목숨을 걸고 험난한 길을 지났던 승려들의 눈물 나는 여행을 『법현전』에서도 절절히 느낄 수 있습니다.

399년에 같이 공부하는 승려 네 명과 함께 장안을 출발하여 서쪽으로 사막을 건넜다. 위로는 나는 새 한 마리 없고 아래로는 달리는 짐승 한 마리 없으며 사방을 둘러보아도 망망하기만 하여 가는 곳을 알 수 없었다. 오직 해를 보고 동쪽과 서쪽을 가늠하고 죽은 사람의 해골을 보면서 가야 할 길을 알 따름이었다. 뜨거운 바람과 무서운 악귀가 있어서 그것을 만나면 반드시 죽었다. 법현은 운명을 맡기고 험난한 곳을 넘어 파미르 고원에 다다랐다. 파미르 고원은 겨울이나 여름이나 내내 눈이 쌓여 있고 악독한 용이 있어서 독을 품은 바람을 토해 내고 모래와 자갈 비를 내리는 곳이었다. 산길은 위험하고 절벽은 까마득하였다. 옛날에 사람들이 바위를 뚫어 길을 내고 그 곁에 사다리를 설치한 것이 있는데, 그런 곳을 700여 군데나 지났다. 또 줄만 놓여 있어 그 줄을 밟고 아슬아슬하게 겨우 강을 건너는 곳만 30여 군데였다. 그러고 나서 눈으로 덮인 산을 넘는데 같이 갔던 승려가 더는 갈 수 없다며 벌벌 떨면서 "나는 죽을 것 같다. 그러나 자네는 계속 가라. 여기서 함께 죽을 수는 없다."라고 말하고는 죽어 버렸다. 법현이 그를 어루만지며 울다가 다시 여행을 계속하여 드디어 수많은 험한 산들을 겨우 넘고 가까스로 인도에 갈 수 있었다.

학문 연구를 위해 전 아시아를 여행하다

 혜초도 목숨을 걸고 험난한 여행을 해낸 끝에 『왕오천축국전』을 지었습니다. 『왕오천축국전』은 동부 인도에서 쿠처(타클라마칸 사막 북쪽에 위치)까지의 여행 기록인데, 각기 머물렀던 곳의 역사 · 문화 · 정치 · 풍속 · 물산 등을

신라의 교역로 신라는 중국과 중앙아시아를 넘어 이슬람 세계와도 활발히 교류했다. 이 교역로를 통해 서역의 물품뿐 아니라 불교와 학문도 오고 갔다.

장식 보검
5~6세기 무렵에 만들어진 신라 고분에서 출토되었다. 서역 벽화에 같은 모양의 보검이 등장하는 것으로 보아 중앙아시아와 신라가 활발하게 교류했다는 것을 알 수 있다.
ⓒ 국립경주박물관 소장

기록하였습니다. 혜초가 서쪽의 어디까지 여행하였는가에 대해서는 학자들에 따라 다른 의견이 있습니다. 『왕오천축국전』에는 페르시아(지금의 이란 지역)와 대식국(지금의 아라비아 지역)에 대한 기록도 있어서, 어떤 학자들은 혜초가 여기까지 여행을 하고 왔다고 합니다. 다른 학자들은 혜초가 간 곳은 지금의 아프가니스탄과 소련의 접경 지대인 토화라국까지이고, 여기서 그는 페르시아나 아랍에 대한 여러 이야기를 전해 듣고 후에 이를 기록으로 남긴 것이라고 합니다. 혜초가 어디까지 여행을 하였는지 확실히 알 수는 없지만, 혜초가 겪었던 고난과 고난을 감내하게 한 그의 학구열과 호기심을 우리는 『왕오천축국전』을 통하여 알 수 있습니다.

『왕오천축국전』은 『불국기』나 『대당서역기』 등에 비해 그 내용이 간략합니다. 여행한 곳의 지명이나 국명 등이 없는 부분도 있고, 언어·풍습·정치·산물에 대해서도 간략히 소개만 하였습니다. 하지만 8세기 무렵 인도나 중앙아시아뿐 아니라 페르시아나 아라비아에 대해 기록을 남겼다는 점에서 귀중한 자료로 여겨지고 있습니다.

『왕오천축국전』에는 혜초가 지은 시 다섯 편이 들어 있습니다. 그중 두 번째 시는 인도에서 쓸쓸히 여행하면서 고향을 생각하며 지은 것입니다.

달밤에 고향 길을 바라보니,
뜬구름만 시원스럽게 돌아가네.
가는 편에 편지라도 부치려 해도,
바람이 급하여 말조차 듣지 않네.
내 나라를 하늘 끝 북쪽에 두고,
남의 나라 서쪽 모퉁이에 와 있다니.
남쪽은 따뜻하여 기러기도 오지 않는데,
누가 계림을 향하여 날아가리.

사리 장엄구
사리란 시신을 화장하고 남은 유골을 말한다. 금으로 도금한 신라 특유의 사리 장치와 서역에서 들어온 유리로 만든 사리 그릇이 조화를 이룬다.
ⓒ 국립경주박물관 소장

아무리 속세의 인연을 다 버린 승려라 해도, 부처의 고향을 여행하는 것이 진정으로 원하던 길이라 해도, 혼자 먼 타국을 돌아다니다 보니 고향 생각이 났나 봅니다. 봇짐을 메고 달밤에 혼자 걸어가다 밤하늘을 지긋이 올려다보며 상념에 젖은 나그네가 눈앞에 그려지는 듯합니다.

「토황소격문」과 신라의 신분 제도

네가 본시 먼 시골의 백성으로 갑자기 억센 도적이 되어, 우연히 시세를 타고 감히 인륜을 어지럽게 하였다. 드디어 불측한 마음을 품고 임금 자리를 엿보며 도성을 침노하고 궁궐을 더럽혔으니, 이미 죄는 하늘에 닿을 만큼 극도에 달하였고 반드시 멸망할 것이라는 사실은 불 보듯 뻔하다.

(중간 생략)

천하 사람이 모두 너를 죽이려고 생각할 뿐만 아니라, 땅속에 있는 귀신까지도 남몰래 베어 죽이려고 의논하리라.

반란군을 단번에 제압한 격문

「토황소격문」은 신라의 최치원(857~?)이 당나라에 있을 때 지은 것으로, 최치원의 글을 모은 『계원필경』이라는 책에 실려서 전해졌습니다. 「토황소격문(討黃巢檄文)」의 토(討)는 '공격하다, 다스리다', 황소(黃巢)는 사람 이름, 격문(檄文)은 '사람들을 모으거나 적을 야단치는 글', 따라서 토황소격문은 '황소를 야단치는 글'이라 하겠습니다.

최치원은 868년(경문왕 8)에 열두 살의 어린 나이로 당나라에 유학을 떠났습니다. 이때 최치원의 아버지는 10년 안에 과거에 합격하지 못하면 내 아들이 아니라며 떠나는 아들을 격려하였다고 합니다. 최치원은 당나라에 가서 공부한 지 7년 만인 874년에 열여덟 살의 나이로 유학생들을 모아 놓고 보는 시험에서 합격하였습니다. 그리고 지방의 관리로 잠깐 일을 하던 중, 879년에 황소가 반란을 일으켰습니다. 이 반란을 진압하는 책임을 맡았던 사람은 고변이라는 자였는데, 최치원은 고변의 밑에서 글을 쓰는 임무를 맡았습니다. 이때 최치원이 쓴 글이 바로 「토황소격문」인 것입니다.

그 내용 가운데 "천하 사람이 모두 너를 죽이려고 생각할 뿐만 아니라, 땅 속에 있는 귀신까지도 남몰래 베어 죽이려고 의논하리라."라는 구절을 읽다가 황소는 너무나 놀란 나머지 저도 모르게 상 아래로 굴러떨어졌다고 합니다. 글이 그만큼 잘 지어져 이 글을 읽는 적을 놀라고 두렵게 하였다는 것입니다. 이러한 이야기가 중국인들 사이에서 오르내릴 정도로 최치원은 신라인으로서 다른 나라의 글인 한문을 잘 지었다고 합니다.

육두품 수재, 세상을 버리다

최치원은 당나라에서 변방의 외국인에 불과했으므로 그다지 좋은 대접을 받지는 못하였습니다. 결국 최치원은 885년(헌강왕 11) 신라로 귀국하였습니다. 당시 신라는 병들어 죽어 가는 나라였습니다. 경주의 귀족들은 자신의 이익을 찾는 데 더 열심이었고, 백성의 생활은 더욱 어려워졌습니다. 889년(진성 여왕 3)에는 농민들이 각지에서 반란을 일으켜 나라는 혼란에 빠졌습니다.

최치원은 나라의 상태를 걱정하였습니다. 그래서 당나라에서 배우고 익힌 것을 발휘하여 정치를 바로잡으려고 노력도 해 보았습니다. 894년(진성 여왕 8)에는 정치를 바로잡자는 글을 왕에게 올리기도 하였습니다. 그러나 최치원이 자신의 뜻을 펴기에는 힘이 부족하였습니다. 최치원은 육두품 신분이었기 때문입니다. 신라는 골품제라는 신분제에 따라 운영되던 나라였습니다. 골품제는 왕족에 해당하는 '골'과 그 밑의 지배층을 나누는 '품'이 있습니다. 골은 다시 성골과 진골로 나누고, 품은 육두품부터 일두품까지 있습니다. 골품제에서 육두품 신분은 높은 관리가 될 수가 없었습니다. 오직 진골만이 가능했습니다. 정치를 바로잡으려면 힘이 필요하지만 육두품 출신이었던 최치원은 그러한 힘을 가질 수 있는 높은 벼슬을 할 수 없었던 것입니다.

신라의 붓과 먹
신라에서 지식인이 되려면 불교 수양, 화랑 수련과 더불어 유학과 한문학 실력도 길러야 했다. 신라의 청년들은 입신양명을 위해 열심히 공부했고, 이와 함께 신라의 필기구 제작 기술도 상당히 발달했다.
이 붓과 먹은 일본 나라 시에 있는 쇼소인에 보관되어 있다.

당나라에 유학하여 나름대로 이름을 알렸다고 자부한 최치원은 신라에서 큰일을 할 수 있을 줄 알았습니다. 그러나 멸망해 가는 신라에서 무엇 하나 제대로 할 수가 없었습니다. 결국 최치원은 관직을 버리고 여러 곳을 떠돌아다니다 가야산 해인사에 들어갔다고 합니다. 언제 죽었는지는 알 수 없는데, 어떤 이야기에 의하면 신선이 되었다고도 합니다. 그래서 우리나라 곳곳에 최치원이 다녀갔다고 하는 이야기들이 많이 남아 있습니다. 경주의 남산과 경상남도 합천, 마산, 부산, 그리고 지리산 일대에 최치원에 관한 전설들이 전하고 있습니다.

최치원이 가야산 해인사에 있으면서 지었다는 「추야우중」이라는 시에는 최치원의 마음이 잘 드러나 있습니다.

가을바람에 괴롭게 읊조리기만 하노라니
온 세상에 소리 알아주는 벗이 드물구나.
창밖에는 한밤중에 비가 오는데
등불 앞에서 만 리의 마음이 인다.

세상을 떠나와 할 수 있는 것은 시를 짓는 것뿐인데 시를 지어도 알아주는 사람은 없으니, 쓸쓸하고 슬픈 마음이 들었던 것입니다.

최치원이 쓴 글은 아주 많았으나 지금은 『계원필경』이나 『사산비명』, 『동문선』 등에 실린 글만 남아 있습니다. 최치원은 글씨도 잘 썼는데 지금 지리산 쌍계사에 남아 있는 「진감선사비문」이 바로 최치원의 글씨입니다.

「다듬잇방망이 소리」와 해동성국 발해

서리 하늘에 달 비치고 은하수 밝아
나그네는 돌아갈 생각에 남다른 느낌이다.
긴 밤을 앉았기 지루해 시름도 사라지려는데
홀연히 들리나니 이웃 여인의 다듬이 소리로다.
소리는 끊어질 듯 이어지며 바람 따라 이르러
밤이 깊어 별이 낮아지도록 잠시도 멈추지 않는다.
고국을 떠난 다음에는 들어 보지 못했더니
이제 타향에서도 들리는 소리는 비슷하구나.

고향을 그리는 노래

「다듬잇방망이 소리」는 양태사가 지은 한문으로 된 시입니다. 이 시의 제목은 원래 「야청도의성(夜聽擣衣聲)」입니다. 야(夜)는 '밤', 청(聽)은 '듣다', 도(擣)는 '찧다', 의(衣)는 '옷', 성(聲)은 '소리'를 뜻하므로, 야청도의성은 '밤에 다듬잇방망이 소리를 듣다'라는 뜻입니다.

양태사는 발해 문왕(재위 737~793) 때 사람으로, 759년에 일본에 사신으로 갔습니다. 귀국을 앞두고 일본인들이 열어 준 잔치에서 일본인과 발해인이 시를 읊으며 놀 때 양태사가 이 시를 읊었다고 합니다. 한밤중에 들리는 다듬이 소리에 여러 생각이 떠오른 모양입니다. 이 시는 일본에서 편찬한 『경국집』이라는 시집에 수록되어 지금까지 전해지고 있습니다.

「다듬잇방망이 소리」는 스물네 줄로 된 한시입니다. 앞에서 소개한 부분은 그중 앞의 여덟 줄입니다. 뒷부분은 방망이 소리를 통해 다듬이질을 하고 있는 여인의 모습을 상상하고 있습니다. 고향에서 듣던 다듬이 소리를 머나먼 타국 땅에 와서 한밤중 쓸쓸한 가운데 들었으니, 고향 생각도 나고 아련히 많은 생각에 잠겼을 것입니다. 여러분은 다듬이 소리를 들어 본 적이 없지요? 저는 어릴 적 다듬이 소리를 많이 들었습니다. 캄캄한 밤중에 어머니가 다듬이질을 하면, 동네 개들도 그 소리에 따라 짖곤 했지요. 저 역시 먼 곳에서 쓸쓸히 지내다가 잠 못 이루는 한밤중에 어릴 적 고향에서 들었던 다듬이 소리를 듣는다면, 옛 생각에 젖어 멋들어진 시 한 편 지을 수도 있을 것 같습니다.

9세기 발해의 영토 발해는 9세기 선왕 때 가장 넓은 영토를 차지했다. 전국에 5경 15부 62주를 두었는데, 그 넓이가 고구려의 두 배에 이르렀다고 한다.

남북국 시대 북방의 주역

발해는 고구려 멸망 후 대조영(재위 698~719)이 이끄는 고구려 유민이 말갈인과 함께 세운 나라입니다. 발해는 당나라·일본·신라·돌궐·거란 등 주변 여러 나라들과 외교 관계를 맺었습니다. 발해와 당나라, 일본 간에 오고 간 문서들 중 일부가 남아 전해졌고, 발해인이 중국에서 지은 시와 일본에 간 발해 사신이 지은 시들이 남아 있습니다. 양태사가 지었다는 이 시도 그중 하나입니다.

그러나 신라에는 발해에 관한 기록이 남아 있지 않습니다. 사실 발해와 신라의 사이는 그렇게 좋지 않았습니다. 732년부터 733년까지 두 나라 간에 전쟁이 났고, 신라는 발해와 국경을 마주하는 곳에 성을 쌓았습니다. 또 당나라에서 신라 사신과 발해 사신이 서로 윗자리에 앉겠다고 경쟁하기도 했지요. 당나라에 유학 온 학생들을 모아 놓고 치르는 과거 시험에서 발해인과 신라인이 수석 자리를 놓고 다툼을 벌인 일도 있답니다.

그러나 발해와 신라는 서로 마주 대하고 있으면서 계속 으르렁댈 수만은 없었습니다. 두 나라는 필요에 따라 서로 왕래를 하였습니다. 790년과 812년에는 신라가 발해에 사신을 파견하였습니다. 두 나라 사이에 왕래하는 길도 있었던 듯, 발해의 주요 교통로 중에 신라도(新羅道, 신라 길)라는 이름의 도로도 있었습니다. 이렇게 발해와 신라가 서로 왕래를 했던 흔적은 있지만, 신라에 발해와 관련한 기록이 남아 있지 않아 아쉽습니다.

당나라에서 발해를 '해동성국(海東盛國, 바다 동쪽의 큰 나라)'이라 불렀다고 하니, 발해인의 문화 수준은 꽤 높았을 것입니다. 그러므로 발해인은 자기 역사를 기록했을 것입니다. 그러나 발해가 멸망한 이후 발해의 문화는 안타깝게도 제대로 전해지지 않았습니다. 그나마 발해와 교류를 했던 중국과 일본에서 발해인이 남긴 것들을 전해 주고 있으니 다행입니다.

석등 중국 헤이룽장 성 박물관에 보관된 발해의 석등이다. 연꽃무늬가 강하고 힘찬 느낌을 준다.

맺음말

    지금까지 우리는 고조선부터 남북국 시대까지 이 땅에 살았던 사람들이 남긴 이야기들을 살펴보았습니다.

    재미있는 이야기도 있지만 황당한 이야기도 많지요? 특히 나라를 세운 영웅들 이야기는 무척 황당합니다. 그들은 인간의 몸에서 태어나지도 않거니와 보통 사람들이 할 수 없는 이상한 일들을 하였습니다. 고대인들은 나라를 세우는 것은 아무나 할 수 있는 일이 아니고 보통 사람과는 다른 특별한 존재가 하는 것이며, 그런 영웅이 세운 자기들 나라는 특별하다고 생각했기 때문에 그런 이야기가 만들어진 것입니다. 이렇게 이야기를 만든 사람들의 입장에서 생각을 하면 왜 그런 이야기가 만들어졌는가를 어느 정도 이해할 수 있습니다. 또 당시 사람들의 입장에서 생각을 해 보면 그 이야기 속에 반영된 당시 사람들의 생활 모습과 사고방식을 더 잘 이해할 수 있습니다.

    어떤 이야기는 당시 사람들에게 인생의 지혜를 주는 것이기도 했습니다.

「구토지설」이 그렇습니다. 원래 이 이야기는 인도에서 형성된 우화(寓話)로 사람들이 삶을 살아 나가는 데 도움이 될 만한 지혜를 말하고 있기 때문에, 불교를 통해 중국을 거쳐 한반도에까지 들어와 많은 사람들에게 이야기되었던 것입니다. 특히 김춘추의 목숨을 구하는 데 결정적인 역할을 했기 때문에 더욱더 인기를 끌었던 것 같습니다.

어떤 이야기는 이상한 것에 대한 사람들의 호기심을 자극하여 널리 퍼졌습니다. 「임금님 귀는 당나귀 귀」나 「호원」 같은 이야기가 대표적입니다. 이상한 것에 대한 호기심은 동서고금을 막론하고 보편적인 것입니다. 그런데 그 호기심을 불러일으키는 이야기의 배경이 되는 인물이나 상황은 특정한 시대이므로, 우리는 그 인물이나 상황을 여러 각도에서 면밀하게 따져서 그 시대의 모습을 어느 정도 들여다볼 수 있었습니다.

이렇게 이 땅에 살았던 선조들이 남긴 이야기를 통해 우리는 선조들이 어떤 생각을 하고 어떻게 생활하였는가에 대해 일부분이나마 읽을 수 있습니다. 거기에서 현대를 사는 우리 자신의 모습을 발견하기도 하고 우리에게 따끔한 충고를 주는 교훈을 얻기도 하며, 우리가 극복해 나가야 할 우리 자신의 오래된 모습을 보기도 합니다. 아마도 이것이 우리가 우리 고전을 읽는 가장 큰 이유일 것입니다.

연표

시대		역사		문학
고조선	2333	고조선의 시작		단군 신화 (고조선)
	1000년 무렵	청동기 문화의 전개(고조선의 발전)		공무도하가 (고조선)
	300년 무렵	철기 문화의 보급		
	108	고조선 멸망		
삼국 시대				동명왕편 (고조선)
				온조 이야기 (백제)
				황조가 (고구려 유리왕 3년)
				혁거세왕 신화 (신라)
	기원후			수로왕 신화 (가야)
				구지가 (가야)
				석탈해 이야기 (신라)
	194	고구려, 진대법 실시		연오랑 세오녀 (신라 아달라왕 때)
	260	백제, 18관등과 공복 제정		
	313	고구려, 낙랑군 멸망시킴		
	372	고구려, 불교 전래, 태학 설치		
		백제, 동진에 사절을 보냄		
	384	백제, 불교 전래		
	405	백제, 일본에 한학 전함		도미의 아내 (백제 개로왕 때)
	427	고구려, 평양 천도		
	433	나·제 동맹 성립		
	502	신라, 우경 실시		온달 이야기 (고구려 평원왕 때)
	503	신라, 국호와 왕호를 정함		
	520	신라, 율령 반포, 백관의 공복 제정		
	527	신라, 불교 공인		
	536	신라, 연호 사용		

시대	역사		문학	
남북국 시대	538	백제, 도읍을 사비성으로 옮김		
	545	신라, 국사 편찬		설씨녀 (신라 진평왕 때)
	552	백제, 일본에 불교 전함	612	여수장우중문시 (고구려 영양왕 23년)
	612	고구려, 살수 대첩		구토지설 (신라 선덕 여왕 11년)
	624	고구려, 당으로부터 도교 전래		원왕생가 (신라 문무왕 때)
	645	고구려, 안시성 싸움 승리		모죽지랑가 (신라 효소왕 때)
	647	신라, 첨성대 건립		
	660	백제 멸망		
	668	고구려 멸망		
	676	신라, 삼국 통일		
	682	신라, 국학을 세움		
	685	신라, 9주 5소경 설치		
	698	발해의 건국		
	722	신라, 정전 지급		헌화가 (신라 성덕왕 때)
	751	신라, 불국사와 석굴암을 세움		해가 (신라 성덕왕 때)
	756	발해, 수도를 동모산에서 상경 용천부로 옮김	727	왕오천축국전 (신라 성덕왕 26년)
				찬기파랑가 (신라 경덕왕 때)
	798	신라, 독서삼품과 설치	759	다듬잇방망이 소리 (발해 문왕 23년)
				호원 (신라 원성왕 때)
	828	신라, 장보고, 청해진 설치		손순매아 (신라 흥덕왕 때)
	834	신라, 백관의 복색 제도를 공포		임금님 귀는 당나귀 귀 (신라 경문왕 때)
	888	신라, 삼대목 편찬	881	토황소격문 (신라 헌강왕 7년)
				처용가 (신라 헌강왕 때)
				조신몽 (신라)

* 문학 작품은 창작 연도가 확인된 것만 연도를 적었습니다.
* 창작 연도가 확인되지 않은 것은 이야기의 배경과 저자의 생몰 연대를 기준으로 연표를 정리했습니다.

찾아보기

ㄱ

「가락국기」 49, 50
가실 77, 78, 79
가야 연맹 53
간다라 미술 149
거서간 64
건국 신화 14
『경국집』 163
『계원필경』 159, 161
골품제 160
「곽거매아」 136
관음보살 131, 132, 133
광덕 123
「광덕과 엄장」 123
『구운몽』 131
「구지가」 50, 113
구태 38
극락 124, 139
금관가야 49, 53
기파랑 107, 108
김춘추 97, 98, 99
김현 143

ㄴ

낭도 105
녹읍 108

ㄷ

단군 14, 15, 16, 38, 51
단군왕검 14, 15, 16
『대당서역구법고승전』 154
『대당서역기』 154, 157
대조영 164
도모 38
돌무지무덤 38
『동국이상국집』 27
동맹 32
동명 37, 38
동명왕 27, 30
『동문선』 161
동물 학대 주술 113
득오 103, 105

ㄹ

『로미오와 줄리엣』 79

ㅁ

마립간 64
무령왕릉 75
미다스 147
『밀린다왕문경』 149

ㅂ

박혁거세 38, 39, 43, 44, 45, 46, 51, 62, 65
『법현전』 154
「별주부전」 96
『불국기』 154, 157
비류 36, 38, 40

ㅅ

『사산비명』 161
『삼국사기』 35, 40, 57, 69, 71, 75, 112
『삼국유사』 13, 43, 49, 52, 68, 84, 115, 116, 123, 126, 138, 143, 144, 145, 147
서방 정토 125
서사시 27

『서유기』 154
서정 가요 20
석탈해 61, 62, 63, 65
선도성모 69
『성경』 135
성골 160
손순 135
「수궁가」 96
수로 50, 51
수로 부인 111, 112
순정공 111, 112
신도징 144
신라도 165
『신증동국여지승람』 53
신화 14

ㅇ

아라크네 69
아마테라스 69
아미타 부처 124, 125, 133
아테나 69
「안민가」 109
알영 45, 46
양태사 163, 165
연맹 41
열녀 이야기 72
오이디푸스 33

온달 86, 87
온조 36, 38, 40
왕검 15
우태 38
욱면 126
원효 124
유리왕 33, 57, 58
유화 31, 32
육두품 160
을지문덕 89, 93
이규보 27
이사금 64
일연 13, 138, 144, 145

ㅈ

정토 신앙 124, 125
조신 129, 131
주몽 30, 31, 32, 33, 35, 38, 39, 51, 143
죽지랑 103, 105
지리다도파 117
「진감선사비문」 161
진골 105, 160

ㅊ

차차웅 64, 65

처용 105, 115, 116, 117, 119
「처용가」 117
최치원 159, 160, 161
「추야우중」 161
충담사 107, 108, 109

ㅌ

「토끼전」 96

ㅍ

『판차탄트라』 95
평강 공주 86

ㅎ

해동성국 165
『해동역사』 19
향가 104
향찰 104
허 왕후 50
「혜성가」 105
혜초 153, 155, 156, 157
화랑 105
환몽 설화 130
히미코 69

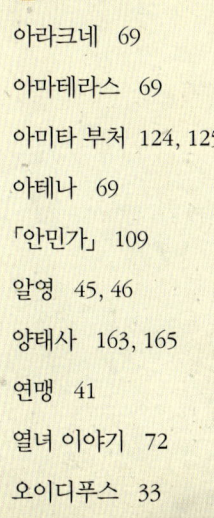

사진 출처

15 고인돌 북앤포토 | 16 별 그림이 새겨진 고인돌 『조선기술발전사』 | 17 별도끼 『조선유적유물도감』·달도끼 『조선유적유물도감』 | 21 청동 거울(잔무늬 거울) 국립중앙박물관(중박 200906-225)·청동 방울(쌍두령) 국립중앙박물관(중박 200906-225)·청동 방울(가지 방울) 국립중앙박물관(중박 200906-225)·청동 방울(팔주령) 국립중앙박물관(중박 200906-225) | 22 농경문 청동기 국립중앙박물관(중박 200906-225) | 37 석촌동 돌무지무덤 시몽포토에이전시/연합뉴스 | 41 몽촌토성 시몽포토에이전시/연합뉴스·풍납토성 연합뉴스 | 44 오릉 시몽포토에이전시 | 46 대관령국사성황제 시몽포토에이전시 | 52 새 모양 토기 국립진주박물관·수레바퀴 장식 토기 국립진주박물관 | 63 경주월성 뉴시스 | 64 금관 국립경주박물관(경박 200906-062) | 69 여인 토우 국립경주박물관(경박 200906-062) | 72 『오륜행실도』 서울역사박물관 | 74 아차산에서 내려다본 서울 시몽포토에이전시 | 75 왕의 관 꾸미개 국립공주박물관 | 79 활 쏘는 남자 토우 국립경주박물관(경박 200906-062) | 80 명활산성 북앤포토 | 92 안악 3호분 벽화 국립중앙박물관(중박 200906-225) | 105 임신서기석 국립경주박물관(경박200906-062) | 113 서수형 토기 국립경주박물관(경박 200906-062) | 116 『악학궤범』 처용 그림 국립민속박물관 | 118 포석정 시몽포토에이전시 | 119 초 심지 자르는 가위 국립경주박물관(경박 200906-062) | 126 불국사 극락전 시몽포토에이전시·불국사 아미타불 중앙포토 | 131 십일면 관음보살 윤동진 | 137 「곽거매아」이야기가 그려진 벽돌 중국국가박물관/하남박물원 | 138 성덕 대왕 신종 국립경주박물관(경박 200906-062) | 144 호랑이 토우 국립중앙박물관 | 148 간다라 불상 페샤와르박물관 | 149 아름다운 그리스 도자기 아테네국립고고학박물관 | 156 장식 보검 국립경주박물관(경박 200906-062) | 157 사리 장엄구 국립경주박물관(경박 200906-062) | 160 붓 『正倉院の寶物』·먹 『正倉院の寶物』

*이 책에 실린 모든 자료의 출처를 찾기 위해 최선을 다했습니다.
*누락되었거나 착오가 있으면 다음 쇄를 찍을 때 꼭 수정하겠습니다.